Alabando a Dios con Bolsas de papel

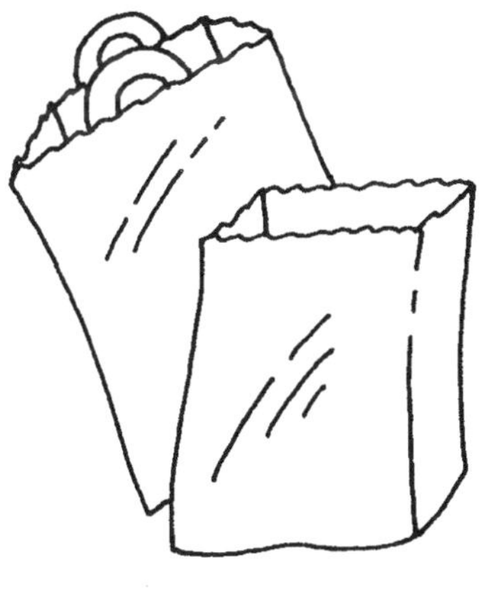

Anita Reith Stohs

Ilustrado por Becky Radtke

EDITORIAL CONCORDIA • SAINT LOUIS

A Reuben y Jayne Stohs,
quienes han corrido la buena carrera.
Hebreos 12:1-2

Publicado por Editorial Concordia
3558 S. Jefferson Avenue
St. Louis, MO 63118-3968

Editorial Concordia es la división hispana de Concordia Publishing House

Impreso en los Estados Unidos de América

1 2 3 4 5 6 7 8 9 10 24 23 22 21 20 19 18 17 16 15

Contenido

Índice de historias bíblicas

Introducción

¡Se acerca rápidamente el momento de comenzar las clases! Usted necesita una rápida ayuda para que le asista en contar una historia bíblica o una manualidad de bajo costo que le muestre a sus estudiantes cómo se aplica la lección a su vida diaria como cristianos. La solución es tan simple como una bolsa de papel.

Tome una bolsa y dele un vistazo a este libro para tener una solución rápida y fácil.

Los proyectos aquí descritos tienen la intención de brindarle ideas simples y de bajo costo para contar una historia bíblica o aplicar su enseñanza evangélica a la vida del estudiante. Se dan instrucciones básicas y simples con opciones creativas adicionales, al igual que sugerencias de historias bíblicas o temas específicos con los cuales se pueden usar los proyectos. Se incluyen patrones reproducibles. Como guía se incluye un dibujo de cómo debe lucir cada manualidad terminada y un punto de partida o trampolín para la expresión creativa de sus estudiantes.

En lo posible, haga que los niños dibujen sus propios rostros, formas y figuras para las manualidades. Usar el don de Dios de la creatividad ayuda a los niños de todas las edades a expresarse y a aprender más sobre el mundo que él creó.

Sugerencias útiles para crear con bolsas de papel

1 Existen bolsas cafés y blancas en supermercados y almacenes de descuento. Las bolsas de colores muchas veces se encuentran en almacenes de manualidades.

2 Si tiene la facilidad y el tiempo, decore las bolsas con témperas o pintura para manualidades en lugar de crayolas y marcadores.

3 Para hacer los proyectos más durables, rocíelos con goma laca acrílica para manualidades, con una mezcla de partes iguales de pegante y agua, o pegue dos o más capas de papel.

4 Arrugue el papel y luego alíselo nuevamente para hacerlo más flexible para rellenar.

5 Para que el papel se parezca al cuero o pergamino, arrugue la bolsa de papel y luego alíselo con la mano o con la plancha.

6 Cuando dibuje sobre papel café, experimente con los colores y los materiales para determinar cuál se ve mejor y le da el resultado deseado.

7 Use una fotocopiadora para ampliar o reducir los símbolos y patrones incluidos en este libro.

Estos proyectos fueron desarrollados para usar con niños de preescolar y escuela básica primaria en la escuela dominical, escuela diurna, escuela en el hogar o campamentos. También pueden ser usadas con niños que tienen discapacidades de desarrollo. Varios de los proyectos fueron diseñados con la ayuda de adultos jóvenes con discapacidades de desarrollo. Las Conexiones de la Lección fueron desarrolladas con el apoyo de editores de Editorial Concordia.

Que el Espíritu Santo esté con usted cuando use los proyectos de este libro para guiar a los niños que están a su cuidado, hacia Jesús, su amoroso Salvador.

La autora

Ángel

Lo que necesita

Bolsa de papel blanca
Tijeras
Pegante
Hilo o cinta blanca
Papel

Lo que debe hacer

1. Corte la parte frontal de la bolsa de papel de tal manera que obtenga un rectángulo. Retuérzala y luego alísela.
2. Doble el rectángulo por la mitad y ate hilo o cinta alrededor del centro, dejando unos pocos centímetros para un colgador.
3. Haga una bola de papel y ubíquela en la mitad del doblez. Ate el papel que está debajo del doblez para formar una cabeza.
4. Corte una pieza de la parte restante de la bolsa de papel. Tuérzala, luego alísela, finalmente tuérzala una vez en el centro para formar alas.
5. Pegue las alas bajo la cabeza del ángel. Con hilo o cinta, ate una cintura debajo de las alas.
6. Recorte las alas según desee.
7. Cuelgue el ángel del techo o úselo como adorno navideño.

Más ideas

1. Utilice ribetes de tela, pegante con brillantina o pintura para tela para añadir detalles al ángel.
2. En lugar de hilo o cinta use rafia o cordón metálico.
3. Omita el colgador y pegue un listón a la parte inferior del ángel para hacer un títere de listón.
4. Elabore un ángel como ayuda visual, decoración para una habitación o actividad para hacer en casa para una de las muchas historias bíblicas en las cuales se mencionan los ángeles.

Conexión de la lección

La anunciación: Lucas 1:6-38

"Darás a luz un hijo, y le pondrás por nombre JESÚS", le dijo el ángel a María. Como fiel niña judía, sin duda María sintió gran gozo y reverencia frente a esta noticia ya que eso significaba que se estaban haciendo realidad las profecías del Antiguo Testamento sobre el Mesías ¡a través de ella!

Elabore este ángel decorativo como recordatorio del nacimiento de Jesús, nuestro Salvador, cuya vida, muerte, y resurrección dieron cumplimiento a las promesas de Dios.

Otras lecciones conexas

Adviento y Navidad.
Un ángel se le aparece a Zacarías.
Un ángel se le aparece a José.
Los ángeles se le aparecen a los pastores.
Un ángel se le aparece a los sabios.
La huida a Egipto.

Estandarte

Lo que necesita

Bolsa de papel
Tijeras
Pegante
Hilo
Listón
Cartulina
Marcadores

Lo que debe hacer

1. Corte a lo largo de la unión de la bolsa y corte la parte inferior de tal manera que obtenga un rectángulo. Corte la parte inferior para formar una punta. Doble hacia abajo cuatro cm a lo largo del borde más largo y pegue hacia abajo el extremo para hacer una cavidad para un pasador.
2. Corte un listón aproximadamente cinco cm más largo que el ancho del estandarte.
3. Corte una pieza de hilo aproximadamente ocho cm más larga que el listón.
4. Corte cuatro rectángulos del mismo tamaño de cartulina y enróllelos para formar tubos.
5. Pegue los tubos sobre el estandarte para que representen cuatro velas.
6. Dibuje una llama encima de cada vela.
7. Dibuje hojas de acebo alrededor de la base de las velas.
8. Escriba las palabras "Él viene" sobre el estandarte.
9. Deslice el listón por la cavidad en la parte superior del estandarte y ate el hilo a cada extremo.

Conexión de la lección

Adviento: Lucas 1:68-79

Adviento, el período comprendido por las cuatro semanas antes de la Navidad, es la época en la cual alistamos nuestros hogares y nuestras iglesias para esa fiesta. Elabore un estandarte de Adviento para recordarles a los estudiantes sobre la venida de Jesús. Como parte de sus devociones en clase cada semana, dibuje una llama sobre una vela. Discuta con sus estudiantes cuánto tiempo esperó el pueblo de Dios al Mesías, y que hoy en día observamos el Adviento para celebrar el nacimiento de Jesús, quien vino a salvar al mundo de la oscuridad del pecado y el diablo.

Más ideas

1. Delinee o dibuje llamas y hojas con bolígrafos brillantes o delinee con pegante y añada brillantina.
2. Corte las hojas y llamas de papel o cartulina brillantes o de fieltro.
3. Escriba "Esperanza, Paz, Gozo, y Amor" sobre las velas.
4. Enrolle velas de cartulina usando la siguiente secuencia de colores: púrpura, púrpura, rosa, y púrpura (se puede usar azul en lugar de púrpura).
5. Corte la parte inferior del estandarte en forma de conchas, puntas o flecos. O pegue borlas o flecos de tela.
6. Decore el estandarte con formas o símbolos que se encuentren en cualquier otra parte de este libro.
7. Omita las velas y elabore estandartes que ilustren otras estaciones y festividades del año de la iglesia, al igual que otras historias o temas bíblicos.

Otras lecciones conexas

Elabore estandartes para ilustrar lecciones o pasajes bíblicos.

Use una vela enrollada para hacer un estandarte que ilustre uno de los pasajes de "Conexión de la lección" de la actividad de la vela de la página 16.

Cesta

Lo que necesita

Bolsa de almuerzo
Tijeras
Regla
Lápiz
Pegante

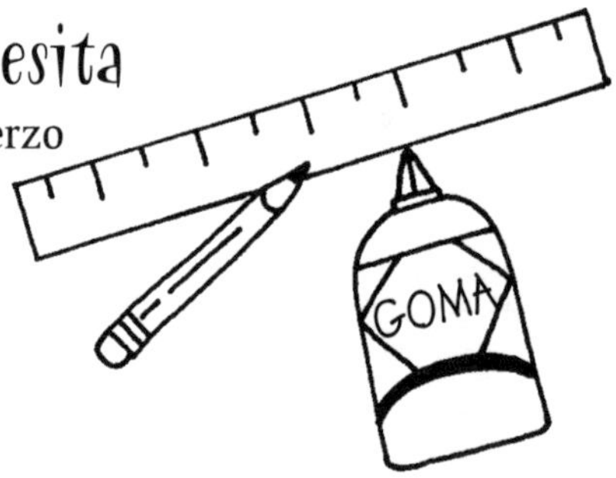

Lo que debe hacer

1. Mida y marque una línea horizontal aproximadamente a 8 cm del borde superior de la bolsa de papel y haga un corte por la línea.
2. Doble hacia abajo el borde superior de la bolsa varias veces para hacer un borde.
3. Use una regla para trazar un número par de líneas paralelas alrededor de los lados de la cesta. Siga estas líneas para cortar una fila de ranuras alrededor de la cesta.
4. Corte la porción superior de la bolsa a lo largo de la unión para hacer un rectángulo grande. Use la regla para dibujar líneas a lo largo de la longitud del rectángulo. Corte a lo largo de esas líneas.
5. Teja las tiras de papel hacia adentro y hacia afuera entre las ranuras que ha cortado en los lados de la cesta. Pegue los extremos donde se encuentran por dentro de la bosa. Intercale el tejido hacia afuera y hacia adentro cuando teja las otras tiras de papel.

Más ideas

1. Haga la cesta de una bolsa de papel de colores o de una bolsa de supermercado.
2. Entreteja tiras de cartulina, papel de seda, cinta, ribetes de tela, rafia, o papel de envolver a través de las ranuras de la cesta.
3. Corte líneas onduladas en la cesta; corte tiras onduladas para tejer entre ellas.
4. Corte tiras y tuércelas juntas, luego péguelas a la parte interior de la cesta para hacer una agarradera.
5. Para que la cesta sea más fuerte, corte una segunda bolsa para introducir dentro de la primera.
6. Use un marcador para escribir un versículo o frase bíblica alrededor de los lados o de la agarradera de la cesta.
7. Corte siluetas o símbolos y péguelas alrededor de la cesta. O ponga calcomanías alrededor de la misma.
8. Utilice la cesta como ayuda visual para diferentes historias o como utilería para una representación de títeres en el salón de clase. O ensamble materiales y envíelos a casa de los estudiantes como proyecto de manualidades en casa.

Otras lecciones conexas

El bebé Moisés en la cesta.
Dios envía maná para los hijos de Israel.
La ofrenda de la viuda.
Pablo escapa de Damasco.

Conexión de la lección

Jesús alimenta a los 5.000: Mateo 14:15-21

Cuando Jesús usó la escasa comida de un niño para alimentar a más de 5.000 personas, fue para mostrar su divino poder sobre la naturaleza y para enseñar que él provee para quienes creen en él. Elabore una cesta, luego dibuje y corte la forma de cinco hogazas de pan y dos pescados para poner dentro de ella. Escriba "Demos gracias" en la cesta como recordatorio para dar gracias, como lo hizo Jesús, por el pan diario.

Barba o peluca

Lo que necesita

Bolsa grande de supermercado
Marcadores o crayolas
Tijeras

Lo que debe hacer

1. Aplane la bolsa y dibuje un óvalo del mismo tamaño que la frente, ojos, nariz, y boca de un niño, pero no el mentón. Corte la sección de la cara y la boca.
2. Coloree el pelo y la barba. Corte flecos para hacer flequillos y barba. Deje la parte de atrás y los lados como están, o corte flecos según desee.
3. Ponga la bolsa sobre la cabeza de un niño como máscara de un personaje de la Biblia.

Más ideas

1. Use un marcador para dibujar cabello o pegue hilo o tiras de tela.
2. Antes de cortar, pinte la bolsa con témpera o pintura de manualidades.
3. Transforme la barba en máscara cortando solamente agujeros para los ojos y dibujando o pintando otros rasgos faciales.
4. Omita la barba y dibuje un mentón y un cuello para hacer una peluca para un personaje femenino de la Biblia.
5. Haga que los estudiantes hagan barbas o pelucas para sketches o representaciones de la Biblia o aplicaciones contemporáneas de la lección.

Conexión de la lección

Elías es alimentado por los cuervos: 1 Reyes 17:1-6

Dios cuidó de Elías proveyéndole el alimento que necesitaba. Para una revisión de la lección, haga que los niños se pongan la barba y la peluca y simulen ser Elías, sentado junto al arroyo, contando cómo Dios envió cuervos para llevarle alimento todos los días. Revise el Padrenuestro, especialmente la frase "danos hoy nuestro pan de cada día", y discutan el significado de esa petición. Recuérdeles a los niños que Dios provee para todas nuestras necesidades, especialmente nuestra necesidad de perdón de nuestros pecados.

Otras lecciones conexas

Elabore barbas y pelucas para representar historias bíblicas.

Ladrillos

Lo que necesita

Bolsas de papel mediana
Periódico
Cinta de enmascarar

Lo que debe hacer

1. Arrugue periódico y póngalo dentro de las bolsas; luego pegue las aberturas para formar ladrillos.
2. Apile los ladrillos para hacer lo que necesite.

Más ideas

1. Antes de rellenar las bolsas, decore con marcadores, crayolas o pintura. O corte un sello con patrón de ladrillo de espuma, aplique tinta o pintura, y estámpelo sobre las bolsas.
2. Elabore ladrillos de bolsas rojas.
3. Recorte las bolsas para hacer ladrillos de diferentes formas.
4. Use ladrillos para construir casas y templos de la Biblia o casas e iglesias contemporáneas. Haga que los niños elaboren un solo ladrillo como proyecto de manualidades y luego escriba un versículo bíblico o frase bíblica apropiada sobre éste.

Otras lecciones conexas

La torre de Babel.
Las murallas de Jericó.
Salomón construye el templo.
Construyendo las murallas de Jerusalén.
La casa edificada sobre la roca.

Conexión de la lección

Cristo, la piedra angular: Efesios 2:19-22

San Pablo llamó a Jesús la "piedra angular", la piedra de la cual dependen todas las otras piedras de la edificación. También dijo que el cimiento de la casa de Dios son los apóstoles y los profetas. Estas imágenes aluden a la iglesia bajo construcción, lo que quiere decir que todavía sigue creciendo ¡a través de nosotros! Haga que los niños hagan un "ladrillo" y escriba sobre él las palabras "Edificado sobre Cristo" como recordatorio de que Jesús, su Salvador, es la piedra angular de su fe. Canten un himno como "Un solo fundamento".

Bote

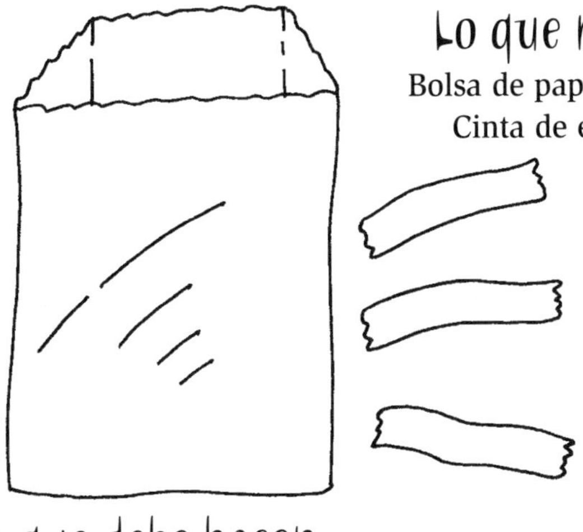

Lo que necesita

Bolsa de papel pequeña
Cinta de enmascarar

Lo que debe hacer

1. Doble hacia abajo la parte superior de la bolsa de papel de tal manera que tenga una sección de aproximadamente 4 cm de profundidad.
2. Continúe doblando hasta la parte inferior de la bolsa.
3. Doble un extremo de la bolsa en una punta para representar la proa de la embarcación. Pegue la proa.

Conexión de la lección

Jesús calma la tormenta: Marcos 4:35-41

La tormenta era tan violenta que los discípulos de Jesús, experimentados pescadores, estaban aterrorizados por sus vidas. Jesús calmó la tormenta con unas pocas palabras, y calmó sus temores con su poder. Elabore un bote y use figuras hechas de pinzas para colgar ropa para recordarles a los estudiantes que Jesús, como Dios verdadero, también tiene poder sobre el viento y las olas de nuestro mundo.

Más ideas

1. Use dos bolsas de papel para obtener más resistencia.
2. Elabore una vela cortando un cuadrado de papel de 10 cm. Pegue el extremo largo de una pajita flexible a la vela, doble la pajita y póngala en pie pegando su extremo corto a la parte inferior del bote.
3. Dibuje caras y ropa sobre pinzas para colgar ropa. Pegue las figuras a bolas de arcilla con base de aceite y póngalas de pie dentro del bote.
4. Añada una pieza de malla vegetal al bote para representar una red.
5. Use marcadores para añadir vetas de madera a la parte exterior del bote o para añadir un pasaje o frase bíblica a la vela.
6. Ponga el bote sobre una bandeja de espuma con cartulina azul pegada adentro para representar agua.
7. Use el bote como ayuda para contar historias para un grupo pequeño o como proyecto de manualidades para hacer en casa.

Otras lecciones conexas

Noé.
Jonás.
Jesús llama a los discípulos para ser pescadores de hombres.
Pesca milagrosa.
Naufragio de Pablo.

Libro

Lo que necesita

Bolsa grande de papel
Tijeras
Perforadora
Hilo
Marcadores o crayolas

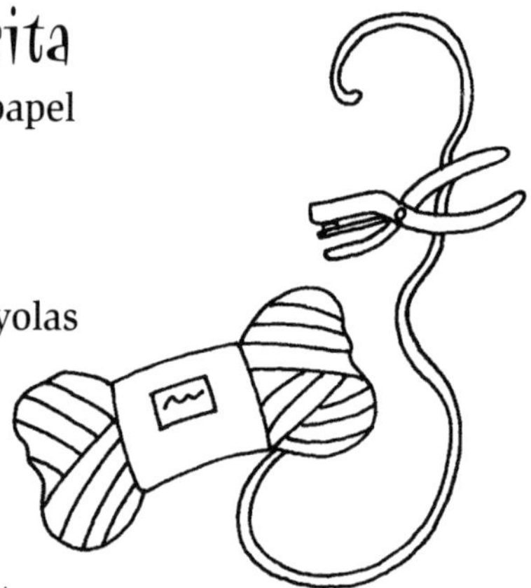

Lo que debe hacer

1. Corte un lado de la bolsa a lo largo de un pliegue y corte y quite el fondo. Corte el rectángulo grande en rectángulos del mismo tamaño.
2. Doble cada rectángulo por la mitad. Encaje las páginas juntas a lo largo del pliegue.
3. Use una perforadora para hacer dos agujeros en el centro del pliegue.
4. Ensarte una pieza de hilo a través de los huecos y haga un lazo a lo largo del lomo del libro.
5. Use marcadores o crayolas para escribir e ilustrar el libro.

Más ideas

1. Use una bolsa de papel pequeña para hacer un álbum de fotos. En las esquinas de cada página, haga dibujos que ilustren historias de la Biblia o escriba versículos de la Biblia a lo largo de la parte inferior de las páginas.
2. Use bolsas de diferentes colores para las páginas.
3. Decore el libro con materiales para álbumes de recortes o imágenes de periódicos, revistas o Internet.
4. Rasgue piezas de una bolsa de papel o una revista y péguelas sobre la portada.
5. Haga libros para usar en la enseñanza de historias de la Biblia. Haga que los estudiantes hagan libros para usar cuando les cuenten la historia a otras personas o cuando apliquen la historia a sus vidas.

Conexión de la lección

Timoteo: 2 Timoteo 1:3-10

Cuando Timoteo era niño, su madre y su abuela le enseñaron historias de la Biblia. Cuando creció, Timoteo estudió bajo la tutoría de Pedro y predicó el evangelio. En otras palabras, Timoteo sirvió a la iglesia cristiana primitiva como pastor. Haga que los niños elaboren un álbum de recortes que incluya sus historias bíblicas favoritas y fotos de sus familias, sus compañeros de clase y ellos mismos. Recuérdeles que en todo lo que hacemos, somos hijos bautizados y redimidos de Dios.

Otras lecciones conexas

Haga un libro que ilustre un salmo favorito.

Lucas escribe sobre Jesús; escriba un libro para contarle a alguien sobre Jesús.

Escriba una historia que aplique una lección bíblica a la vida del estudiante, tal como el bautismo de Jesús o nuestro bautismo en Cristo.

Títere hecho con botella

Lo que necesita

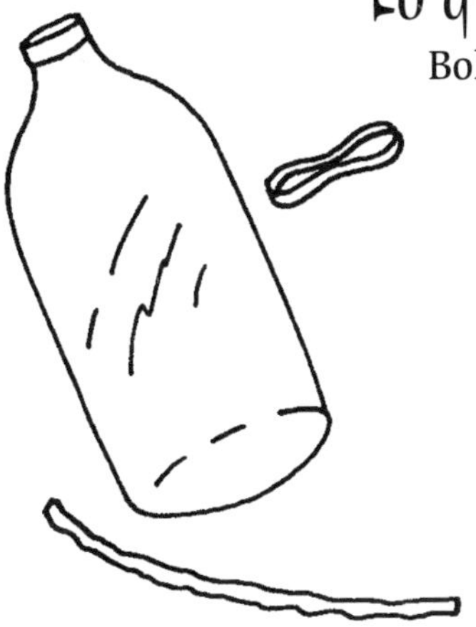

Bolsa de almuerzo
Palito de felpa
Botella plástica
Periódico
Tijeras
Bandita elástica
Pegante
Marcadores
Hilo (opcional)

Lo que debe hacer

1. Envuelva periódico alrededor de un palito de felpa; luego envuelva el palito alrededor del cuello de la botella para crear los brazos.
2. Para hacer más fácil el trabajo con la bolsa, arrúguela y aplánela nuevamente antes de rellenar la cara.
3. Enrolle un pedazo de periódico en una bola y encájela hasta el fondo de la bolsa.
4. Ponga la bolsa sobre la botella y deslice una bandita elástica alrededor de ésta en el cuello del personaje para mantenerla en su lugar.
5. Corte ranuras en cada lado de la bolsa y deslice los brazos de palito de felpa a través de los huecos. Pegue en su lugar.
6. Use marcadores para añadir rasgos faciales, pelo, y ropa a la figura. O pegue tiras de hilo a la cabeza para hacer cabello.

Más ideas

1. Use bolsas de diferentes colores, o decore títeres con cartulina, papel de seda de colores, tela, hilo o ribetes de tela.
2. Omita los brazos de palitos de felpa y dibuje los brazos en la bolsa, o enrolle papel y péguelo para formar los brazos.
3. Recorte los lados de la bolsa y pegue el papel directamente al costado de la botella.
4. Pegue ojos movibles de manualidades a la cara del títere.
5. Use patrones opcionales de cara que se encuentran en las páginas 59-63 para hacer títeres para enseñar.
6. En lugar de personas, elabore figuras de animales con la botella.
7. Varíe el tamaño de las botellas para hacer personajes de diferentes tamaños.
8. Elabore títeres con botellas como ayudas simples para contar historias en el aula de clase o como manualidades para llevar a casa.

Conexión de la lección

Lidia: Hechos 16:11-15

Lidia era una mujer de negocios de Filipos que oyó a Pablo hablar de Jesús. Ella vendía telas de púrpura, lo cual era un artículo lujoso en tiempos bíblicos. Dios abrió el corazón de Lidia para que creyera en Jesús como su Salvador y ella y su familia fueron bautizados en Cristo. Haga un títere para representar a Lidia. Explíqueles a los estudiantes que la fe es un regalo que Dios nos dio en nuestro bautismo.

Otras lecciones conexas

El arca de Noé.
David y Goliat.
El nacimiento de Jesús.
La Pascua.

Vela

Lo que necesita

Bolsa de almuerzo
Marcadores o crayolas
Tijeras
Periódico
Barra de pegante

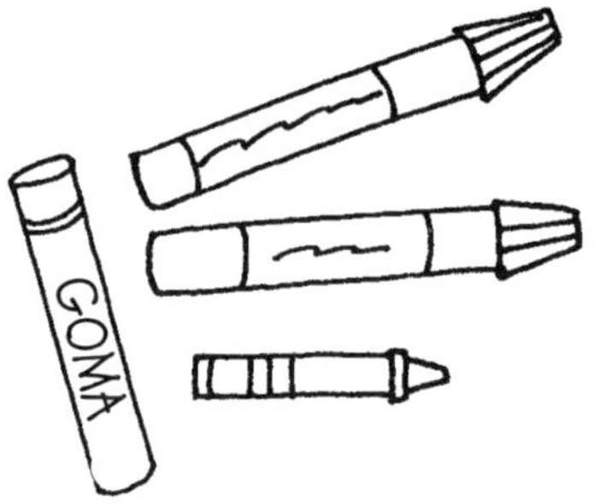

Lo que debe hacer

1. Ponga la bolsa plana sobre la mesa. Dibuje la forma de una vela en un lado de la bolsa. La parte superior de la bolsa es la llama de la vela. Patrón opcional en la página 58.
2. Corte la forma de vela, asegurándose de cortar todas las capas de la bolsa al mismo tiempo.
3. Coloree la vela y la llama.
4. Escriba un versículo o frase bíblica en la vela.
5. Rellene la bolsa con periódico; luego pegue los bordes superiores de la bolsa, uniéndolos.

Conexión de la lección

Cántico de Simeón: Lucas 2:21-35

Simeón tomó en sus brazos a Jesús y alabó a Dios por enviar a este bebé –Dios hecho carne– para que fuera luz para todo el mundo. Haga una vela y escriba en ella "Jesús es mi luz". Haga que los estudiantes se unan a usted en oración agradeciéndole a Dios por enviar a Jesús a iluminar el camino al cielo mediante su vida, muerte sacrificial, y resurrección del sepulcro.

Más ideas

1. Corte la vela de una bolsa decorativa de regalo o cubra el frente y la parte de atrás con papel de envolver o cartulina.
2. Corte la llama de cartulina o papel metálico de envolver.
3. Adorne la llama con brillantina, pegante con brillantina o lentejuelas.
4. Escriba un pasaje o frase bíblica, o un himno en la vela, o dibuje una cruz sobre una vela blanca para hacerla una "Vela de Cristo".

Otras lecciones conexas

"El Señor es mi luz y mi salvación." Salmo 27:1

"¡Levántate, resplandece! ¡Tu luz ha llegado!" Isaías 60:1

"Jesús dijo: Yo soy la luz del mundo." Juan 8:12

Utilería para la canción "Ésta es la luz de Cristo."

Tarjeta

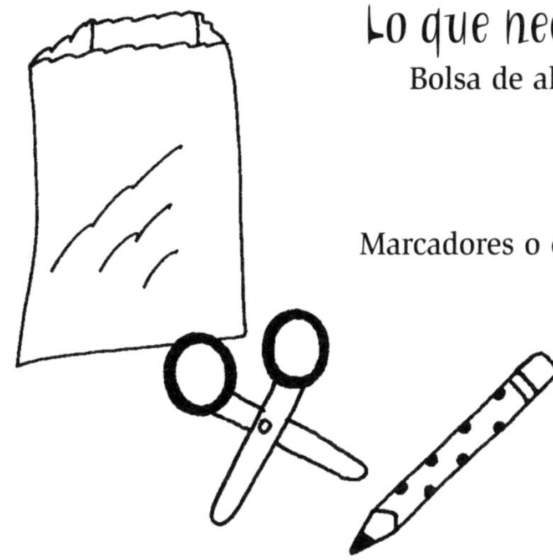

Lo que necesita

Bolsa de almuerzo
Tijeras
Regla
Lápiz
Marcadores o crayolas

Lo que debe hacer

1. Corte a lo largo de la unión de la bolsa y luego corte y quite la parte inferior para hacer un rectángulo grande.
2. Use una regla para medir y marcar un rectángulo de la medida deseada. Corte el papel sobrante.
3. Doble la tarjeta y decórela.

Más ideas

1. Use pintura brillante, pintura para tela, cartulina, tela, lentejuelas, cinta, rafia, calcomanías o ribetes de tela para decorar la tarjeta.
2. Estampe diseños sobre la tarjeta o use pintura y un esténcil.
3. Use bolsas de diferentes colores y tamaños. Corte papel con tijeras con borde decorativo.
4. Dibuje un diseño hecho con un cortador de galletas sobre la tarjeta y cosa con hilo alrededor de la figura.
5. Copie y dibuje uno de los patrones de las páginas 56 y 58.
6. Pegue cartulina o papel para imprimir dentro de la tarjeta y escriba un saludo, un versículo de la Biblia o una bendición.
7. Elabore tarjetas para darle a otros como parte de la aplicación de una lección.

Conexión de la lección

Navidad: Lucas 2:1-20

Después de que los pastores vieron al niño Jesús, se apuraron a difundir las noticias del nacimiento del Mesías entre todos los que conocían. Dialogue con los estudiantes por qué éstas eran tan buenas noticias, que las tan esperadas buenas nuevas del Antiguo Testamento sobre el Salvador se habían cumplido en Belén a través del nacimiento de este bebé. Haga una tarjeta de Navidad para compartir con alguien el gozo de que Jesús vino a salvarnos de todos nuestros pecados y a darnos perdón y vida eterna.

Otras lecciones conexas

Jesús sana a una niña (haga una tarjeta deseando la mejoría de un enfermo).

Bautismo de Jesús (haga una tarjeta de cumpleaños o de aniversario de bautismo).

La Pascua.

Cuerno de la abundancia

Lo que necesita

Bolsa de papel pequeña

Lo que debe hacer

1. Doble el borde superior de la bolsa dos cm. Doble nuevamente para hacer un borde.
2. Comenzando en la parte inferior de la bolsa, tuerza la bolsa hasta la parte superior. Abra la parte superior de la bolsa para formar un círculo.
3. Llene la bolsa con objetos que reflejen el tema de la lección.

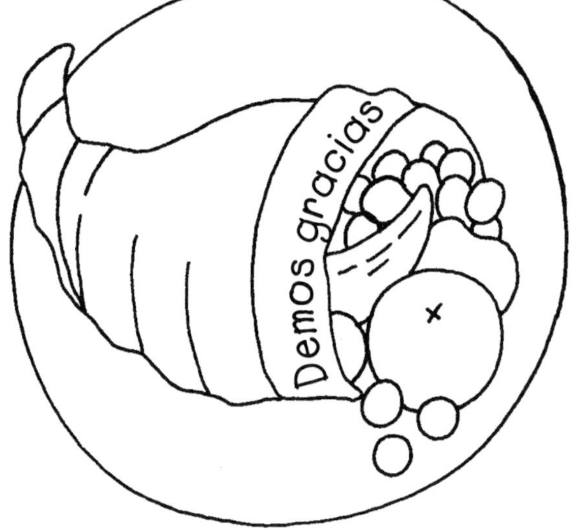

Más ideas

1. Escriba un versículo o frase bíblica apropiada en la bolsa.
2. Haga frutas de papel maché para poner en el cuerno de la abundancia: mezcle harina y agua para hacer una pasta. Rasgue una bolsa de papel en tiras e introdúzcalas en la pasta. Envuelva tiras alrededor de periódico arrugado hasta formar formas de frutas. Deje secar completamente y luego pinte con témpera o pintura de acrílico.
3. Use el cuerno como ayuda de enseñanza: llénelo con imágenes o miniaturas de cosas por las cuales agradecemos a Dios.
4. Haga un cuerno de una bolsa de supermercado grande para usar como proyecto de misión: llénela con artículos para darle a otras personas necesitadas, como útiles escolares para una escuela de un área pobre.

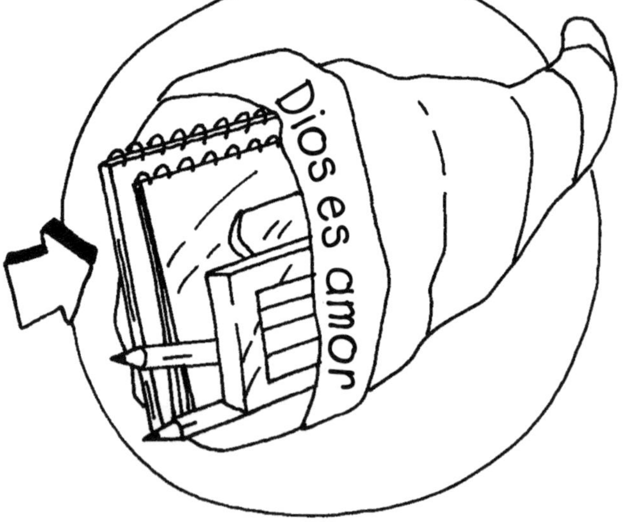

Conexión de la lección

Jesús sana a 10 leprosos: Lucas 17:11-19

Jesús sanó a 10 leprosos, pero sólo uno de ellos volvió para agradecerle. Esta historia bíblica se usa mucho en los servicios de Acción de Gracias en la iglesia como modelo para que siempre demos gracias. Jesús sanó a los leprosos de la enfermedad, y él nos sana de la enfermedad llamada pecado. Haga un cuerno de la abundancia para el salón de clases y haga que cada estudiante haga un dibujo de algo por lo que están agradecidos, para poner dentro. Saque una a una las imágenes mientras dirige a los niños en una oración de acción de gracias en el salón de clases. Canten algún himno apropiado.

Otras lecciones conexas

"¡Alabemos al Señor, porque él es bueno!" Salmo 136:1

Jesús dio gracias antes de distribuir el pan y el vino en la Santa Cena.

Los primeros cristianos.

Cruz

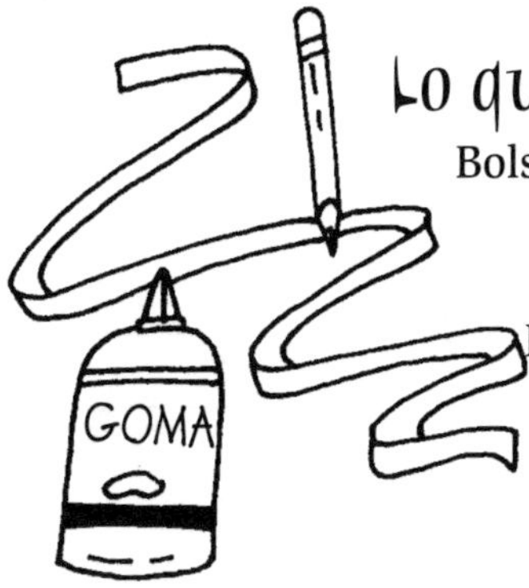

Lo que necesita

Bolsa de almuerzo
Tijeras
Lápiz
Pegante blanco
Agua
Pincel
Perforadora
Hilo o cinta

Lo que debe hacer

1. Corte una bolsa de papel a lo largo de la unión y quite la parte inferior de tal manera que obtenga un rectángulo.
2. Aplane el rectángulo y corte tres o más cruces idénticas (Patrón opcional en la página 56).
3. Haga una mezcla con partes iguales de pegante y agua. Úselo para pegar las cruces unas a otras y para esparcir sobre la cruz cuando esté terminada. Deje secar completamente el pegante.
4. Perfore un agujero en la parte superior de la cruz, atraviese hilo o cinta a través del mismo y cuelgue.

Conexión de la lección

Viernes Santo: Juan 19:17-37

Aunque los estudiantes de su clase ya sabrán que la cruz es un símbolo de Jesús, algunos pueden no entender que es una expresión de perdón y gloria. Haga una cruz de Viernes Santo con una bolsa de papel para que le ayude a enseñarle a los niños que Jesús murió para quitar el pecado del mundo y para traer

Salvación a los creyentes que se arrepientan. Tuerza una tira de papel y péguela en un círculo para representar la corona de espinas que los soldados le pusieron a Jesús. Luego péguela a la cruz.

Otras lecciones conexas

"De tal manera amó Dios al mundo" Juan 3:16 (pegue un corazón de papel al centro de la cruz).

Pascua (cruz vacía).

Gálatas 3:13-14

Más ideas

1. Corte una tira de papel, tuérzala, y luego pegue los extremos para hacer una "corona de espinas". Péguela al centro de la cruz.
2. Las opciones para decorar incluyen calcomanías, piezas de tela, cartulina, papel de envolver, papel de seda, hilo, flores secas o ribetes de tela.
3. Pegue las cruces entre sí usando una barra de pegante. Omita la mezcla de agua y pegante. Use marcadores o crayolas para dibujar las vetas de la madera o para escribir una frase o pasaje bíblico.
4. Use rafia, cordel, u otro material de manualidades como colgador.
5. En lugar de cortar cruces individuales, primero pegue varias piezas de papel entre sí, trace la forma de una cruz, y luego córtela. O corte dos tiras de papel y péguelas entre sí en ángulo recto para formar una cruz.
6. Haga la cruz de una bolsa de papel coloreada.
7. Haga una placa: use una de las otras formas o símbolos de este libro como base, haga la cruz aquí descrita, pegue la cruz a la base y cuelgue la placa en el salón de clases.
8. Use una bolsa de supermercado para hacer una cruz grande para el salón de clases o haga que los niños hagan cruces pequeñas para llevar a casa.

Cesta con cruz

Lo que necesita

Bolsa de papel
Tijeras
Regla
Lápiz
Pegante
Marcadores o crayolas

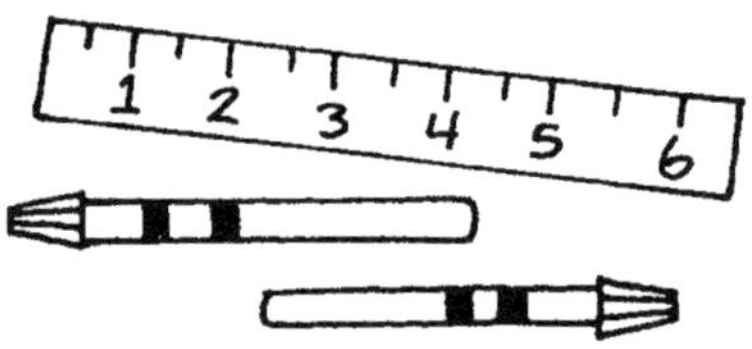

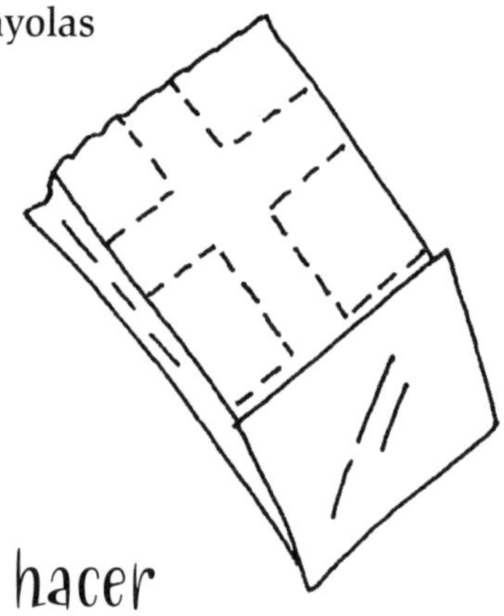

Lo que debe hacer

1. Extienda la bolsa con la parte del fondo mirando hacia arriba.
2. Use una regla para delinear una cruz. La parte superior y los lados de la cruz deben extenderse hasta la parte superior y los lados de la bolsa, y la parte inferior de la cruz debe llegar hasta el borde del fondo (Opcional: use el patrón de cruz de la página 56).
3. Corte la bolsa de tal manera que la forma de cruz permanezca intacta en los lados y la parte inferior, según se muestra.
4. Pegue los bordes superiores de las cruces juntos para formar una agarradera.
5. Decore y llene la cesta como desee.

Más ideas

1. Ponga otra bolsa dentro de la primera y corte una cruz en sólo un lado de una bolsa.
2. Llene la bolsa como elementos que ilustren la lección que está enseñando. Saque los elementos a medida que cuenta la historia.
3. Decore la bolsa con calcomanías, marcadores, crayolas, cartulina, papel de seda u otro material de manualidades.
4. Use como ayuda para contar una historia en el salón de clase o como bolsa para regalos.

Conexión de la lección

Pascua: Lucas 24:1-12

¡Una cesta de Aleluya es una manera divertida de celebrar el gozo que tiene usted al saber que Jesús murió y resucitó por usted! Haga la cruz de una bolsa de papel coloreada y decórela con calcomanías alusivas a la Pascua. Llénela con hierba y dulces de Pascua, tales como gomitas de colores que simbolicen los acontecimientos de la muerte y resurrección de Jesús.

Otras lecciones conexas

Bolsa para contar la historia del Viernes Santo (ponga en la bolsa elementos que representen la muerte de Jesús).

Bolsa para contar la historia de la Pascua (ponga en la bolsa elementos que representen la resurrección de Jesús).

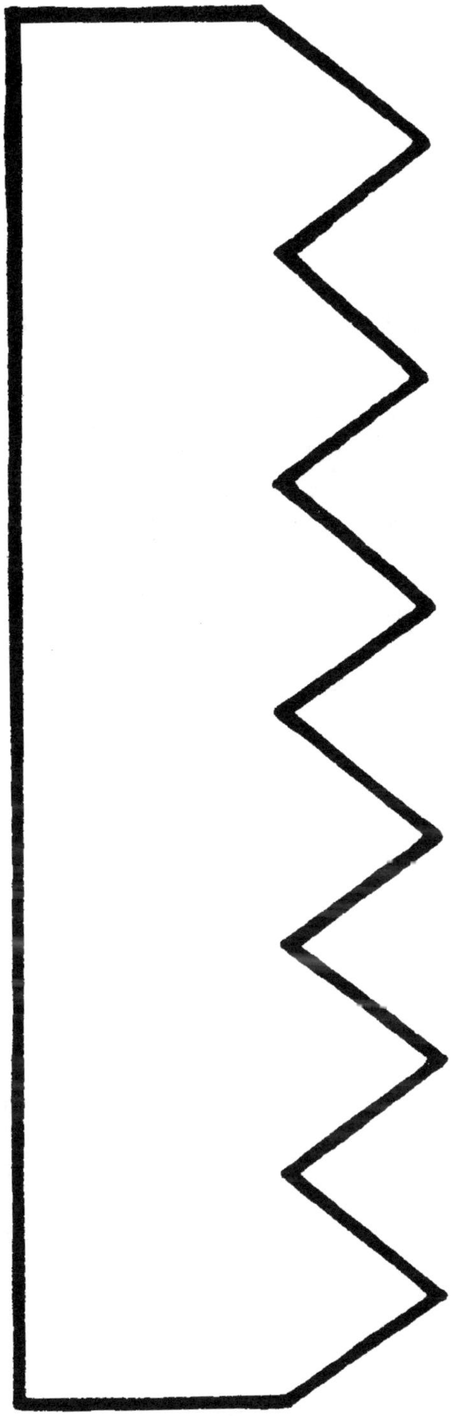

Corona

Lo que necesita

Bolsa de papel mediana
Tijeras
Lápiz

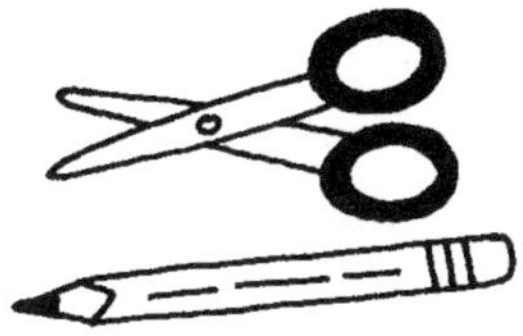

Lo que debe hacer

1. Quite la parte inferior de la bolsa de tal manera que obtenga un anillo.
2. Enrolle el extremo inferior del anillo varias veces para hacer un borde.
3. Recorte el exceso. Corte una fila de triángulos en zigzag a lo largo de la parte superior como se muestra aquí.
4. Si es necesario, ajuste el tamaño de la corona a la cabeza de la persona que la usará.

Más ideas

1. Corte otros estilos de coronas usando diferentes cortes a lo largo de la parte superior.
2. Añada ribetes de tela, cartulina, papel de seda o lentejuelas. O pinte la corona con pegante y rocíe brillantina sobre el pegante antes de que se seque.
3. Haga una pequeña corona de una bolsa de almuerzo y escriba un versículo o frase de la Biblia sobre ella.
4. Use una bolsa de papel coloreada para hacer la corona.
5. Haga coronas para usar como disfraces para una de las muchas historias bíblicas en las cuales hay un rey.

Otras lecciones conexas

David.
Salomón.
Ester.
Los sabios.
Apocalipsis 15:3-4

Conexión de la lección

Corona de vida: Apocalipsis 2:10

En el Domingo de Cristo Rey, el último domingo del año litúrgico, celebramos que Jesús es el rey del cielo. Como Dios verdadero, ¡Jesús es el Señor de todo! Haga una corona y escriba alrededor de ella las palabras "Jesús es mi rey". Decore la corona con lentejuelas y pegante de brillantina.

Diorama

Lo que necesita

Bolsa de papel
Lápiz
Tijeras
Cartulina
Marcadores o crayolas
Pegante

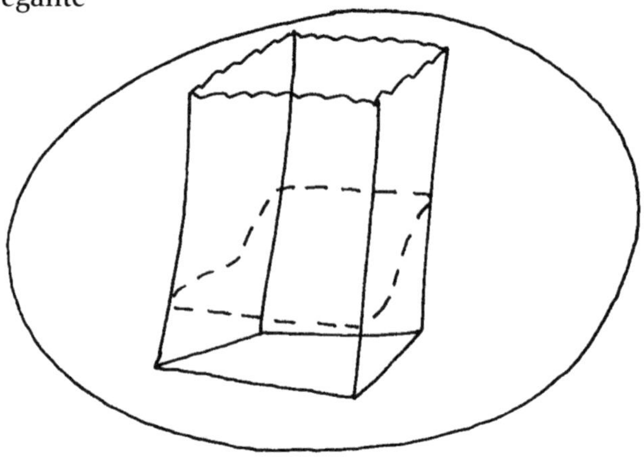

Lo que debe hacer

1. Corte la bolsa como se muestra en el dibujo. Luego aplane la bolsa y dibuje la silueta de un fondo apropiado (hierba, árboles, colinas, edificios, etc.) adentro y afuera para crear la escenografía del diorama. Corte y coloree su contorno. Si lo desea, haga flecos para la hierba.
2. Sobre cartulina dibuje figuras y formas (como árboles y rocas) para poner dentro. Corte cada figura con una pestaña de un cm en la parte inferior (ver ideas de patrón en la página 57). Ponga en pie las figuras y formas doblando la pestaña y pegándola.

Más ideas

1. Pegue papel seda, tela u otros materiales de manualidades al diorama.
2. Escriba un pasaje de la Biblia o un lema alrededor de la bolsa.
3. Haga el diorama de una bolsa de papel coloreada.
4. Haga dioramas para usar en la enseñanza de una lección bíblica a un grupo pequeño. O haga que los estudiantes los elaboren para llevarlos a casa y contar la historia a alguien.

Conexión de la lección

Jesús en Getsemaní: Mateo 26:36-46

"Que se haga tu voluntad", oró Jesús a su Padre celestial en el Huerto de Getsemaní. Haga que cada niño elabore un diorama de una bolsa de almuerzo. Añada formas que representen a Jesús arrodillado en oración junto a una roca. Mientras los niños trabajan, hable sobre cómo Jesús sabía que su muerte era necesaria para cumplir el plan de Dios para nuestra salvación. Jesús nos ama tanto que murió voluntariamente en la cruz por nuestros pecados. Si los niños de su clase son muy pequeños, cante una canción como "Cristo me ama."

Otras lecciones conexas

La creación.
El arca de Noé.
El horno de fuego.
La Navidad.
El bautismo de Jesús.

Paloma

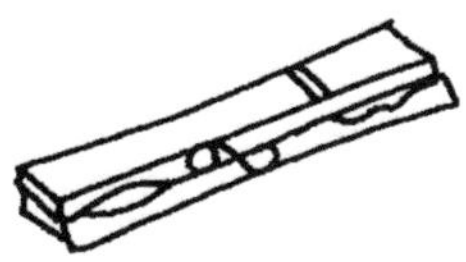

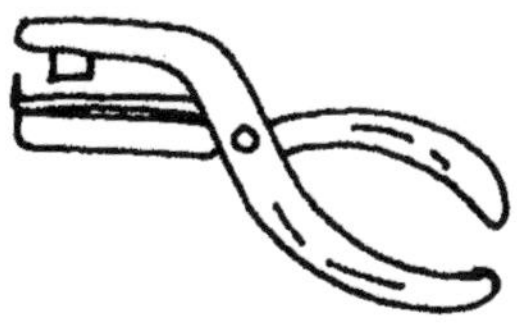

Lo que necesita

Bolsa de papel blanca
Tijeras
Periódico
Pegante
Pinza para ropa
Marcadores o crayolas
Perforadora
Hilo blanco

Lo que debe hacer

1. Fotocopie los patrones de la página 58 y dibújelos en un lado de una bolsa blanca. Dibuje la nube en la porción inferior de la bolsa y el pico de la paloma apuntando hacia el extremo abierto.
2. Corte la silueta de la paloma, cortando ambos lados de la bolsa al mismo tiempo y dejándola pegada al fondo de la bolsa que tiene forma de nube.
3. Pegue las palomas entre sí, dejando un agujero para rellenar. Cuando el pegante esté seco, rellene con periódico arrugado y pegue el agujero. Si es necesario, use la pinza de ropa para sostener la bolsa cerrada hasta que el pegante esté seco.
4. Use marcadores o crayolas para añadir ojos y un pico a la paloma.
5. Use una perforadora para hacer dos huecos en la parte inferior de la bolsa.
6. Corte un pedazo de hilo y átelo a través de los huecos para hacer un colgador.

Más ideas

1. Escriba palabras apropiadas o un versículo de la Biblia en la parte de nube de la bolsa.
2. Use purpurina, pegante con brillantina, cartulina, tela, o ribetes de tela para añadir detalles a la nube y a la paloma.
3. Pegue bolas de algodón a la nube y plumas a la paloma.
4. Corte una hoja de cartulina verde y péguela al pico para hacer una "paloma de la paz".
5. Use la paloma para decorado de una historia, decoración para el salón de clases o proyecto de manualidades para realizar en casa.

Conexión de la lección

Bautismo de Jesús: Mateo 3:11-17

Cuando Jesús fue bautizado, el Espíritu Santo bajó como una paloma y Dios Padre habló desde el cielo, diciendo: "Éste es mi Hijo, a quien amo." Haga un móvil de paloma para enseñarles a los estudiantes que en el día de su bautismo, el Espíritu Santo les dio el regalo de la fe. Por medio del agua y la Palabra, sus pecados fueron lavados y Dios los adoptó como sus propios hijos. Haga que cada niño haga una paloma y escriba su nombre y fecha de bautismo en la nube.

Otras lecciones conexas

El arca de Noé.
Pentecostés.

Teatrino para títeres de dedo

Lo que necesita

Bolsa de almuerzo
Tijeras
Marcadores o crayolas
Marcadores de agua de punta fina

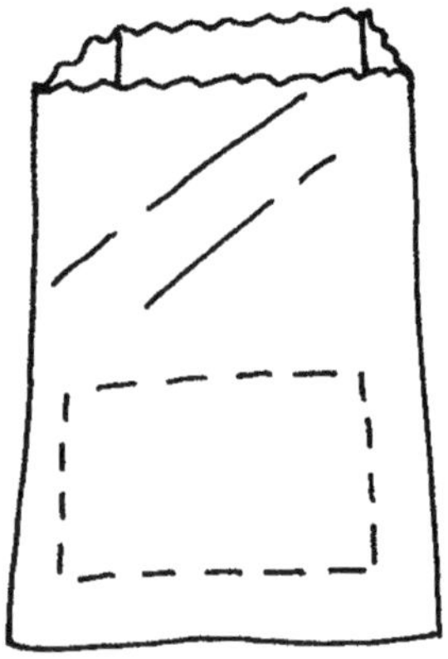

Lo que debe hacer

1. Abra la bolsa y corte un rectángulo cerca de la parte inferior de un lado como se muestra.
2. Alise la bolsa y decore tanto el interior como el exterior para hacer el fondo del teatrino.
3. Use marcadores de punta fina para dibujar caras en las yemas de sus dedos.
4. Sostenga el teatrino con su mano libre y represente una historia con títeres de dedo.

Más ideas

1. Pinte el teatro con témpera o pegante sobre tela, cartulina, calcomanías o ribetes de tela.
2. Pegue una imagen dentro de la bolsa como telón de fondo del escenario.
3. En lugar de dibujar en las yemas de sus dedos, haga títeres para dedo de papel. Dibuje personajes de la historia sobre tiras de papel de tamaño adecuado para sus dedos, pegue los bordes para formar cilindros, e insértelos en sus dedos (vea los patrones de la página 57).
4. Use el "teatrino para títeres de dedo" para la presentación de una lección en un grupo pequeño o como manualidad en el salón de clase para que cada niño lleve a casa.

Conexión de la lección

La transfiguración: Marcos 9:2-13

Moisés y Elías aparecieron con Jesús en un monte alto, y la voz de Dios dijo desde el cielo: "Éste es mi hijo amado." Use un marcador lavable para dibujar tres títeres de dedo para usar al contar la historia a su clase. Explique que en la transfiguración, Jesús apareció con los profetas del Antiguo Testamento para mostrar que él fue el cumplimiento de las profecías a Israel, él es el Mesías prometido. La voz de Dios desde la nube fue la prueba de que él es el verdadero hijo de Dios.

Otras lecciones conexas

Use títeres para representar cualquier historia bíblica.

Use títeres para representar niños de hoy día para aplicaciones de la lección.

Flor

Lo que necesita

Bolsas de papel coloreadas (2)
Tijeras
Palito de felpa verde
Cinta para floristería
Pegante (opcional)

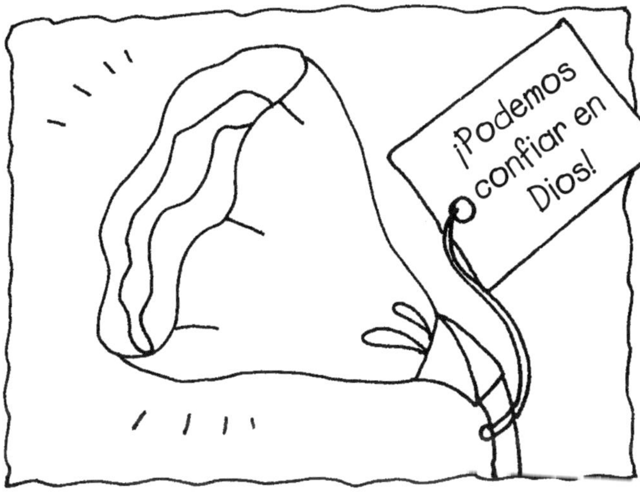

Más ideas

1. Haga flecos a lo largo del lado de la bolsa que tiene forma de flor.
2. Use una banda elástica para pegar la flor a un listón.
3. Escriba un versículo o frase bíblica apropiada en el exterior de la flor o en una pequeña tarjeta atada a la flor.
4. Ate cintas decorativas a la base de la flor.
5. Añada hojas de cartulina o papel de seda a la base de la flor.
6. Pliegue otra bolsa, decore el exterior y úsela como florero.
7. Coloree una bolsa de papel blanca para hacer una flor con los colores del arco iris.
8. Haga la flor con sólo una bolsa de papel.
9. Haga flores más pequeñas con bolsas de diferentes colores.

Lo que debe hacer

1. Corte el fondo de las dos bolsas de papel.
2. Tuerza la parte inferior de una de las bolsas.
3. Introduzca el extremo torcido de la primera bolsa dentro de la segunda, introduzca el extremo de un palito de felpa verde, y tuerza el extremo de la bolsa exterior.
4. Corte y envuelva cinta para floristería alrededor de los extremos torcidos de la bolsa para atarlo al palito de felpa. Opcional: pegue los extremos torcidos al palito de felpa.

Conexión de la lección

Dios cuida de las aves y las flores: Lucas 12:22-34

Jesús les recordó una vez a sus amigos que Dios, quien cuida de las hermosas flores, también se ocupa de todas nuestras necesidades, especialmente nuestra necesidad de perdón de los pecados. Haga una flor que le recuerde esto. Use un marcador de punta fina para escribir "Dios cuida de (nombre)" en la flor. Use esta manualidad y conexión de la lección para ayudar a los niños a que superen sus miedos.

Otras lecciones conexas

La creación.

"Yo soy la rosa de Sarón; ¡soy el lirio de los valles!" Cantares 2:1

Pascua (haga un jardín de Pascua para el salón de clase).

Bolsa de regalo

Lo que necesita

Bolsa de papel
Perforadora
Hilo
Cinta
Marcadores, crayolas o calcomanías
Papel de seda

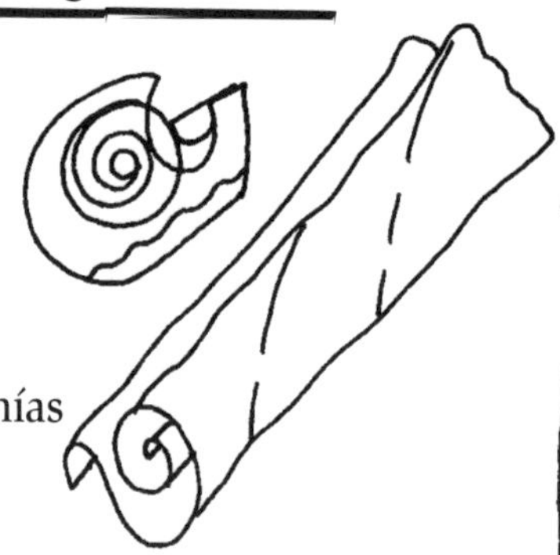

Lo que debe hacer

1. Doble hacia adentro la parte superior de la bolsa aproximadamente cuatro cm.
2. Perfore dos juegos de agujeros a través del papel doblado en lados opuestos de la bolsa.
3. Corte dos piezas de hilo. Para hacer agarraderas inserte el hilo en los agujeros a cada lado y pegue los extremos a la parte interior de la bolsa.
4. Doble la bolsa plana frente a usted y decórela con marcadores, crayolas o calcomanías.
5. Añada papel de seda y ponga un regalo dentro de la bolsa.

Más ideas

1. Decore la bolsa con fotos, siluetas de papel, pintura o ribetes de tela.
2. Escriba un versículo o frase bíblica apropiada en la bolsa.
3. Haga una bolsa de regalo como aplicación de historias bíblicas sobre el amor que Dios nos tiene y que quiere que nos mostremos unos a otros.
4. Use siluetas y símbolos que se encuentren en cualquier parte de este libro (vea los patrones de las páginas 56 y 58).
5. Haga bolsas de regalo de bolsas de diferentes colores.

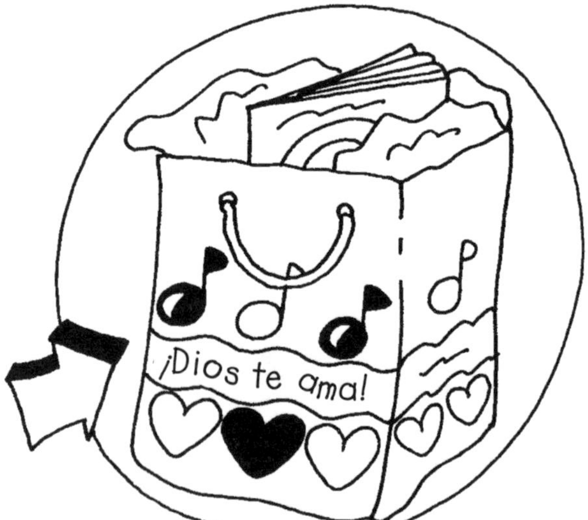

Conexión de la lección

Dorcas: Hechos 9:36-42

Dorcas respondió al amor de Dios mostrando amor a otros: les hizo ropa. Cuando Dorcas se enfermó y murió, Dios envió a Pedro para resucitarla. Haga una bolsa de regalo para llenarla con un regalo para alguien más. Decórela con corazones de papel. Escriba "¡Dios te ama!" en la bolsa.

Otras lecciones conexas

David ayuda al hijo de Jonatán.

El buen samaritano.

"Den gratuitamente lo que gratuitamente recibieron." Mateo 10:8

Títere de mano

(Pestaña móvil)

Lo que necesita

Bolsa de almuerzo
Marcadores
Tijeras

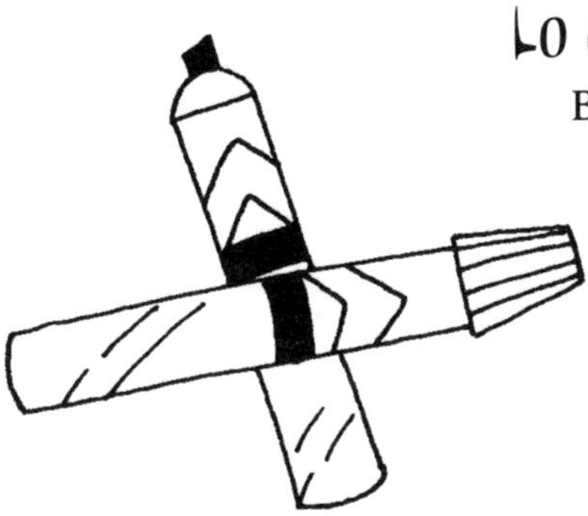

Lo que debe hacer

1. Ponga una bolsa de papel plana frente a usted con la parte del fondo mirando hacia arriba.
2. En el fondo, dibuje o pegue una nariz, dos ojos y la parte superior de la boca. En la bolsa debajo del doblez, dibuje o pegue la parte inferior de la boca.
3. Use marcadores para añadir pelo, barba, y vestido.

Más ideas

1. Dibuje una cara en un pedazo de papel, coloréela y córtela. Corte a través de la cara en la boca. Pegue la parte superior de la cara sobre el fondo de la bolsa, alineándolo sobre el doblez. Pegue la parte inferior de la cara sobre la bolsa debajo del pliegue.
2. Haga la cara de diferentes piezas de cartulina. Corte y pegue sobre cartulina o tela para hacer el vestido.
3. Use uno de los patrones del final del libro para hacer caras de cartulina.
4. Haga títeres de mano de animales (hay patrones al final del libro).
5. Haga títeres de bolsas de diferentes colores.
6. Use cinta ondulada, hilo o cabello para manualidades para hacer el pelo del títere. O corte tiras de cartulina y rícelas alrededor de un lápiz o a lo largo del borde de un cuchillo plástico.
7. Haga un juego de títeres para usar al contar una variedad de historias bíblicas. Haga que los niños elaboren títeres para historias específicas para llevar a casa y compartir con otros.

Conexión de la lección

María y Marta: Lucas 10:38-42

Mientras Marta estaba ocupada preparando la comida para su importante invitado, María se sentó a los pies de Jesús, escuchando y aprendiendo de lo que él decía. El trabajo de Marta era importante pero la acción de María muestra dónde debe estar nuestra prioridad: en las palabras de Jesús para nosotros. Haga títeres de mano para usarlos al contar la historia a la clase. Cuando ya lo haya hecho, hable con los estudiantes sobre dónde podemos aprender más sobre la palabra de Dios para nosotros.

Otras lecciones conexas

Sansón.
Daniel en la foso de los leones.
Jesús, el buen pastor, y los corderos.
Los sabios y los camellos.
Use títeres para representar a niños contemporáneos para aplicaciones de la lección.

Títere de mano

(Cabeza rellena)

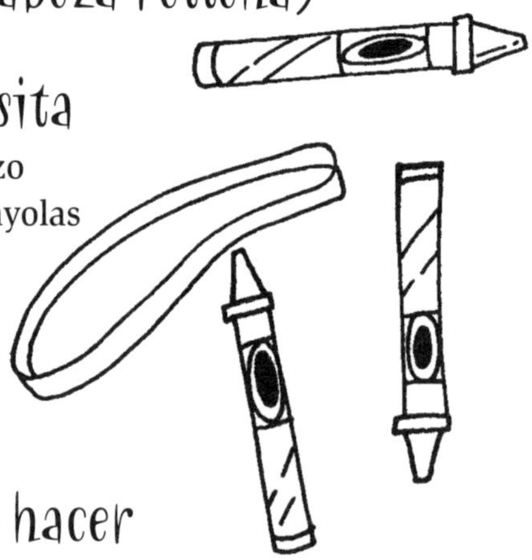

Lo que necesita

Bolsa de almuerzo
Marcadores o crayolas
Periódico
Banda elástica
Tijeras

Lo que debe hacer

1. Aplane la bolsa y ubíquela en frente de usted con la pestaña hacia abajo. Dibuje una cara en la mitad superior de la bolsa.
2. Arrugue una pieza de periódico e introdúzcala en la parte superior de la bolsa. Junte la bolsa en el cuello y ponga a su alrededor una banda elástica, dejando suficiente espacio para que quepa un dedo.
3. Corte una ranura a cada lado del cuerpo del títere.
4. Ponga su mano dentro del títere con el dedo índice dentro de la cabeza y pase el pulgar y el dedo meñique a través de las ranuras a manera de brazos.

Más ideas

1. Refuerce las ranuras para los dedos pegando dos bolsas entre sí o pegando una segunda capa de papel en la parte interior de la bolsa en el punto donde va a cortar.
2. Use bolsas de diferentes colores para hacer los títeres, o decórelos con cartulina, papel de seda de colores, tela o ribetes de tela.
3. Pegue ojos móviles para manualidades en la cara del títere.
4. Duplique, coloree, y pegue uno de los patrones de cara que se encuentran al final de este libro.
5. Haga un juego de títeres para enseñar, o haga que los niños elaboren títeres para usar al contar la lección a alguien más o para la aplicación de la lección.

Conexión de la lección

El carcelero de Filipos: Hechos 16:16-34

"¿Qué debo hacer para salvarme?" preguntó el carcelero de Filipos. "Cree en el Señor Jesucristo y se salvarán tú y tu familia", respondió Pablo. Pablo y Silas habían sido golpeados y encarcelados, pero continuaron dando testimonio de su fe en el Señor Dios. Su fe y un poderoso terremoto captaron la atención del carcelero. Él y los otros en su casa llegaron a la fe por medio de la palabra de Dios y fueron bautizados. Haga títeres para Pablo, Silas, y el carcelero para usar en la enseñanza de esta historia.

Otras lecciones conexas

Use títeres para representar personajes de la Biblia.

Use títeres para representar a niños contemporáneos para aplicaciones de la lección.

Adorno colgante

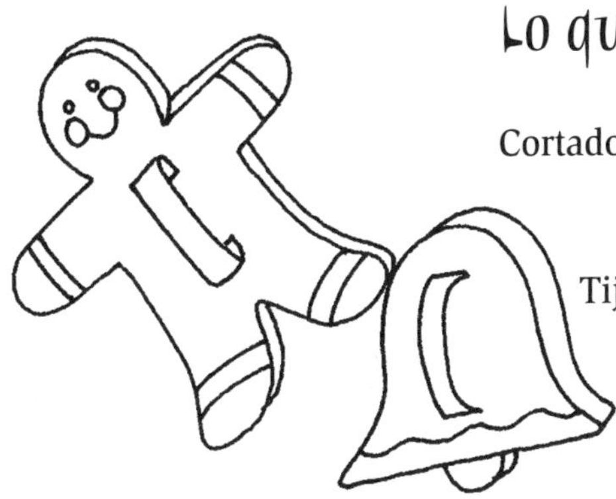

Lo que necesita

Bolsa de papel
Cortadores de galletas
Lápiz
Tela
Tijeras de zigzag
Pegante
Perforadora
Rafia

Lo que debe hacer

1. Use cortadores de galletas como patrones para trazar siluetas en la tela. Corte las siluetas con tijeras de zigzag.
2. Corte a lo largo de la unión de la bolsa de papel y corte quitando el fondo para hacer una hoja rectangular de papel.
3. Pegue siluetas a la bolsa de papel y córtelas con las tijeras de zigzag, dejando un cm alrededor de la tela.
4. Perfore un agujero en la parte superior del adorno y pase a través de él una pieza de rafia y átela para colgarlo.

Más ideas

1. Pegue una trenza decorativa, hilo, botones u otro adorno alrededor de la silueta. Decore el adorno con pegante con brillantina o pintura para tela texturizada.
2. Use tijeras regulares en lugar de tijeras de zigzag.
3. En lugar de tela, use papel para pared, papel regalo o cartulina.
4. Para más estabilidad, pegue diferentes capas de siluetas entre sí.
5. En lugar de patrones de cortador de galleta, escoja patrones de las páginas 56 y 58 o de cualquier parte de este libro.
6. Haga adornos rellenos: corte dos siluetas idénticas, alinee los bordes con pegante –dejando espacio para rellenar– y pegue las dos siluetas entre sí. Rellene con una bola de algodón o pañuelos faciales y luego pegue la abertura.
7. Use hilo o cinta en lugar de rafia.
8. Haga adornos para usar en móviles para decorar su salón o como manualidad para llevar a casa.

Conexión de la lección

Navidad: Lucas 2

"Al mundo gozo proclamad", cantamos en Navidad "¡pues vino su Señor!" Haga que los niños celebren el gozo de que Jesús vino a la tierra para ser su Señor y Salvador haciendo adornos navideños para poner en el árbol de Navidad del salón de clases o para regalarle a un amigo especial.

Otras lecciones conexas

Cuaresma y Pascua (cruz).
Epifanía (estrella).
Pentecostés (lenguas de fuego).
El amor de Dios (corazón).

Sombrero

Lo que necesita

Bolsa de supermercado
Tijeras
Ribetes de tela
Pegante

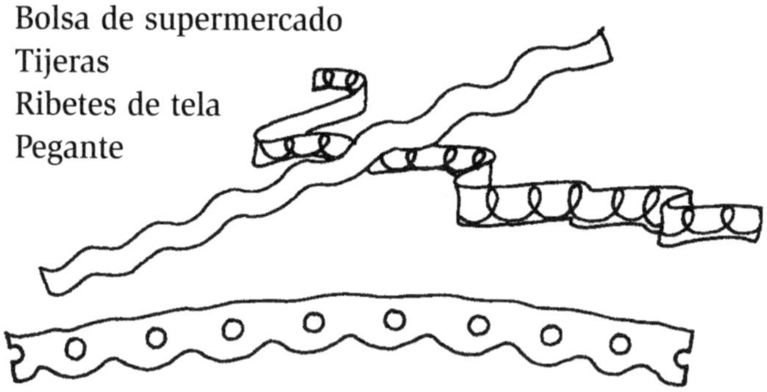

Lo que debe hacer

1. Corte la bolsa de papel por la mitad, luego enrolle el borde cortado varias veces para formar un borde.
2. Pegue encima ribetes de tela decorativos.
3. Póngase el sombrero en la cabeza, doble el papel sobrante y luego grape.

Más ideas

1. Pinte el sombrero con témpera.
2. Use marcadores para decorar el sombrero.
3. Añada calcomanías o gemas plásticas adhesivas.
4. Pegue encima piezas de tela, papel de seda de colores, o papel de envolver.

Conexión de la lección

Los sabios: Mateo 2:1-12

Bien enterados de las profecías y tradiciones judías, los sabios de Oriente siguieron una estrella para encontrar al bebé rey para poder adorarlo y honrarlo con regalos. Haga que los estudiantes elaboren sombreros similares a turbantes para utilizar cuando simulen ser los magos, representando la historia de la búsqueda del rey y su gozo al encontrarlo finalmente. Canten un villancico de Epifanía y explique que, al igual que los sabios, nosotros también vamos a adorar al Rey.

Otras lecciones conexas

Haga sombreros que representen los disfraces de diferentes grupos étnicos. Pónganselos mientras usted habla del amor de Dios por todo el mundo.

Casco

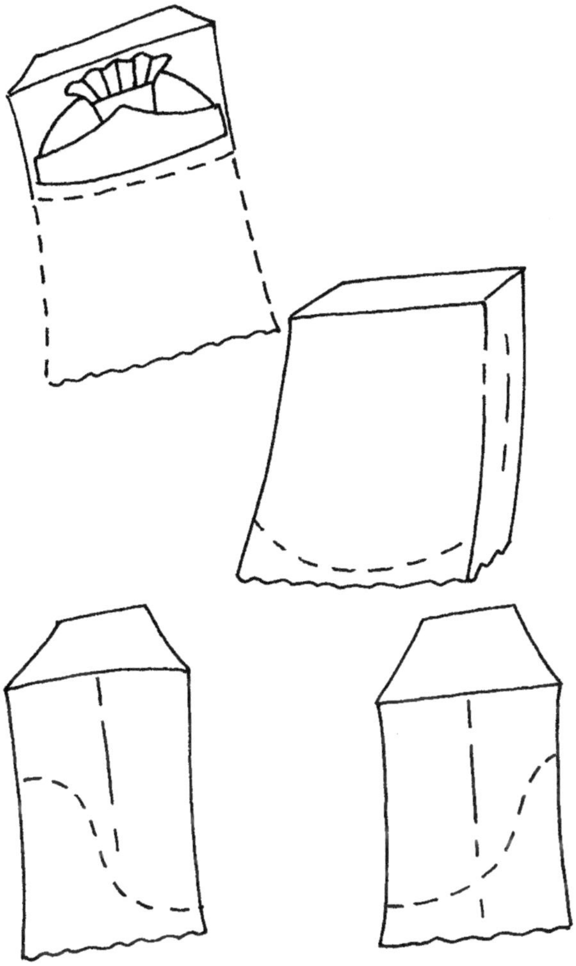

Lo que necesita

Bolsa de papel mediana
Lápiz
Tijeras
Marcadores o papel y pegante

Conexión de la lección

Jesús sana al siervo del centurión:
Lucas 7:1-10

"Mi siervo está enfermo" dijo el soldado a Jesús, "por favor sánalo". Jesús llamó la atención a la fe del soldado romano y sanó al siervo instantáneamente. Haga un casco para que un niño use cuando representa al soldado contando la historia. Explique que Jesús curó la enfermedad del siervo, y sana la enfermedad de nuestro pecado mediante su perdón, dando vida eterna a quienes se arrepientan y crean.

Otras lecciones conexas
David y Goliat.
Viernes Santo.
"El casco de la salvación." Efesios 6:17

Lo que debe hacer

1. Dibuje la silueta de un casco en la bolsa (vea el patrón de la página 64). Corte y quite el área sobrante como se muestra.
2. Decore con marcadores de papel.

Más ideas

1. Corte el casco de acuerdo con los diagramas que se encuentran en esta página. Corte y pegue piezas adicionales según se desee.
2. Decore el casco con pintura, pegante con brillantina, lentejuelas, cartulina, hilo, fieltro o ribetes de tela.
3. Escriba un pasaje o frase de la Biblia sobre el casco.
4. Haga cascos como decorados para usar para contar historias o como manualidades para llevar a casa para ilustrar un versículo bíblico específico.

Casa

Lo que necesita

Bolsa de papel
Marcadores o crayolas
Periódico
Pegante
Cartulina
Tijeras

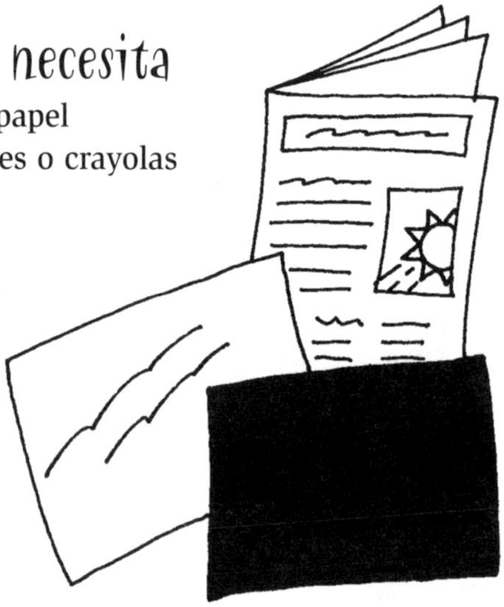

Lo que debe hacer

1. Ponga la bolsa de papel plana en frente de usted y dibuje las ventanas y la puerta de una casa.
2. Rellene la mitad de abajo de la bolsa con periódico.
3. Pegue los dos extremos de la parte superior de la bolsa y dóblela para formar el tejado de la casa.
4. Corte un rectángulo de cartulina como el tejado y péguelo en su lugar.

Más ideas

1. Haga una iglesia en lugar de una casa.
2. Pinte la casa con témpera.
3. Omita el tejado de cartulina y dibuje tejas o un techo de paja.
4. Escriba un pasaje de la Biblia en el tejado o en la fachada de la casa.
5. Dibuje ventanas y puertas para el resto de la casa.
6. Dibuje a los miembros de su familia mirando hacia afuera de las puertas y las ventanas.
7. Pegue una fotografía suya en una de las ventanas o dentro de la puerta.
8. Haga casas para un centro de actividades de clase o haga que los niños elaboren una para llevar a casa como aplicación de la lección.

Conexión de la lección

Discurso de despedida de Josué: Josué 24:15

"Por mi parte, mi casa y yo serviremos al Señor", dijo Josué. Josué exhortó fuertemente a los hijos de Israel a dejar de adorar a falsos dioses y a volverse al único Dios verdadero, pero sus palabras son igual de apropiadas en nuestros días. Hoy en día la gente puede distraerse con una variedad de "dioses": los deportes, la televisión, la carrera, y similares. Pero debemos temer y amar a Dios por sobre todas las cosas. Haga que los niños elaboren una casa que represente su propio hogar. Escriba "Dios bendiga nuestro hogar" sobre el tejado como recordatorio de permanecer fiel al primer mandamiento.

Otras lecciones conexas

El templo de Salomón (haga una iglesia).
La casa edificada sobre la roca.

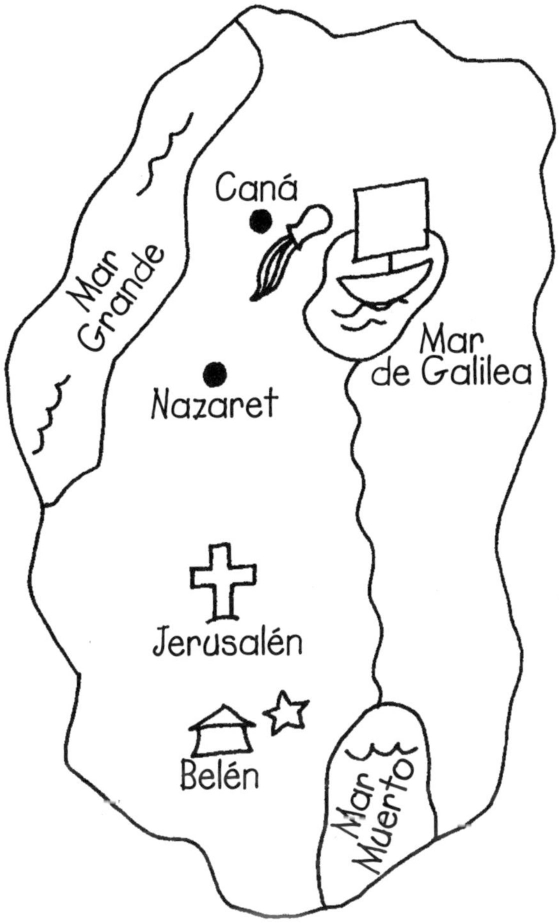

Mapa

Lo que necesita

Bolsa de papel café
Marcadores

Lo que debe hacer

1. Rasgue una silueta rectangular de la bolsa de papel.
2. Arrugue el rectángulo y extiéndalo nuevamente.
3. Dibuje un mapa sobre el papel.
4. Use un marcador café oscuro para delinear el borde rasgado del papel.

Más ideas

1. Use témpera, acuarela o lápices de colores para añadir otros detalles al mapa.
2. Escriba un versículo o frase de la Biblia apropiada en el mapa.
3. Omita el contorno rasgado y ponga el mapa sobre una mesa. Desplace figuras de madera o pequeños títeres sobre el mapa mientras cuenta historias de la Biblia.
4. Haga un mapa grande que ilustre una historia específica o una serie de historias. O, para la aplicación de la lección, haga que los niños elaboren un mapa de lugares a los que van, donde Jesús está con ellos.

Conexión de la lección

Ministerio de Jesús: Mateo, Marcos, Lucas, Juan

Durante los tres años de ministerio en la tierra del Hijo de Dios, él viajó de ciudad en ciudad, sanando, enseñando, y perdonando los pecados de la gente. Haga un mapa que muestre lugares clave que Jesús visitó. Haga que los niños dibujen ilustraciones en el mapa para ilustrar los eventos que ocurrieron en esos lugares, particularmente cómo sus viajes llevaron a su crucifixión y resurrección. Mientras los niños trabajan, explique que Jesús fue una figura histórica y real y que en la Tierra Santa hoy en día todavía se pueden ver las ruinas de los lugares que él visitó.

Otras lecciones conexas

Abrahán y Sara.
Jacob.
José.
Los hijos de Israel en el desierto.
Viajes misioneros de Pablo.

Máscara

Lo que necesita

Bolsa de papel grande
Marcadores o crayolas
Tijeras

Lo que debe hacer

1. Alise una bolsa de papel grande sobre la superficie de trabajo en frente de usted.
2. Dibuje una cara sobre la bolsa.
3. Corte agujeros para los ojos y la boca.
4. Retuerza la bolsa según sea necesario para hacer pelo y una barba.
5. Ponga la bolsa sobre su cabeza para usarla.

Más ideas

1. Pegue tela, hilo, cartulina y otros ribetes de tela para añadir detalles a la máscara.
2. Haga máscaras de animales de la Biblia.
3. Haga un juego de máscaras para usar para una variedad de historias de la Biblia en el salón de clases.

Conexión de la lección

Pablo: Hechos 9:1-31

Saulo viajó a Damasco con un solo propósito: perseguir a los cristianos de allí. Pero Dios tenía otros planes para él. El resucitado Jesús se le apareció a Saulo. Él fue llevado a la fe y fue bautizado. Pasó el resto de su vida contándoles a otros sobre Jesús y su amor. Dibuje un "Saulo enojado" en un lado de la máscara y un "Pablo feliz" en el otro. Voltee la máscara mientras cuenta la historia.

Otras lecciones conexas

La creación (haga máscaras que representen animales hechos por Dios).

Haga máscaras que representen todos los personajes de una historia bíblica particular.

Haga máscaras que representen a los niños contemporáneos para aplicaciones de la lección.

Móvil

Lo que necesita

Bolsa de papel (cualquier tamaño o color)
Tijeras
Cartulina o papel de seda
Pegante
Marcador
Perforadora
Hilo

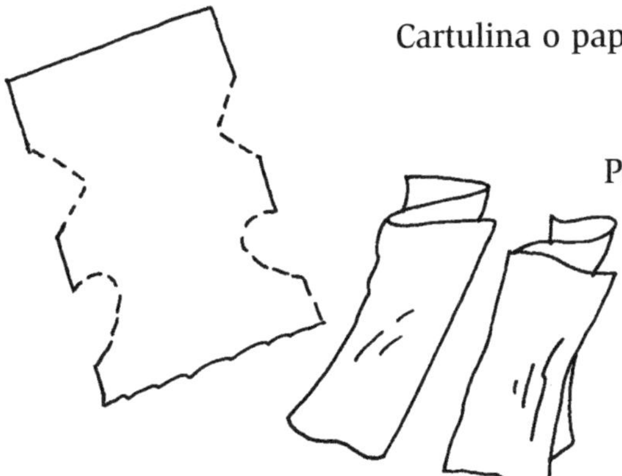

Lo que debe hacer

1. Ponga la bolsa plana sobre la mesa con la abertura hacia usted.
2. Corte diseños simétricos (triángulos, círculos, corazones, etc.) a lo largo de los pliegues laterales de la bolsa.
3. Escriba un versículo de la Biblia o frase apropiada en la bolsa.
4. Corte tiras de papel de seda o cartulina y péguelas a lo largo de la parte interna del área inferior de la bolsa. Corte siluetas decorativas y péguelas alrededor de la parte externa de la bolsa (vea patrones en las páginas 56 y 58).
5. Perfore agujeros en la parte superior y ate una pieza de hilo a través de ellos para colgar.

Más ideas

1. Pinte la bolsa con témpera o pintura para manualidades.
2. Doble los costados centrales por la mitad y corte siluetas simétricas a lo largo del pliegue.
3. Use calcomanías, lentejuelas, bolígrafos brillantes o adornos de tela para decorar el móvil.
4. Ponga una bolsa sin cortar de un color diferente dentro de la bolsa con las siluetas cortadas.
5. Haga un farol o luminaria: Voltee la bolsa; corte líneas o siluetas alrededor de la abertura de la bolsa; ponga alrededor de media pulgada de arena en la bolsa; añada una vela de té.
6. Haga móviles para decorar su salón de clase para diferentes festividades del año de la iglesia o para que los estudiantes lleven a casa.

Conexión de la lección

Cántico de alabanza de María: Éxodo 15:1-21

Después de que los hijos de Israel cruzaron el Mar Rojo por el camino seguro y seco que Dios hizo para ellos, María entonó un cántico de alabanza por su salvación: "Cantaré al Señor, que se ha engrandecido." Haga que los estudiantes elaboren un "móvil de alabanza" que les recuerde adorar a Dios todos los días por haberlos librado de sus enemigos (el pecado, la muerte, y el diablo). Corte círculos al lado de la bolsa. Dibuje o pegue siluetas de notas musicales y escriba: "¡Alabemos al Señor!" en los costados de la bolsa. Decore con serpentinas brillantes.

Otras lecciones conexas

La escalera de Jacob.
Navidad (ángeles o estrellas).
Trinidad (triángulos).

Collar

Lo que necesita

Bolsa de almuerzo
Tijeras
Pegante blanco
Agua
Pincel
Marcadores
Hilo
Perforadora

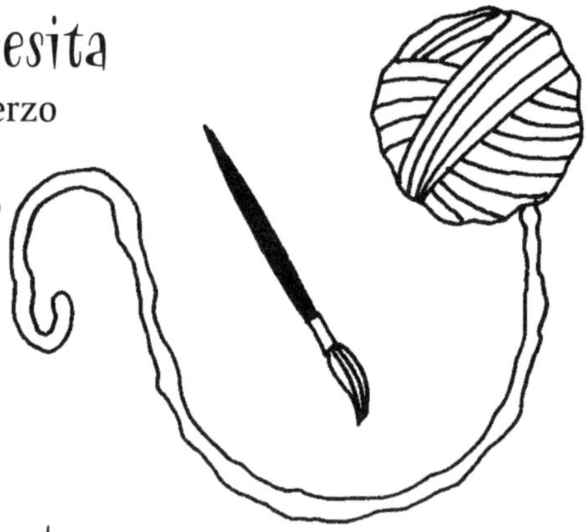

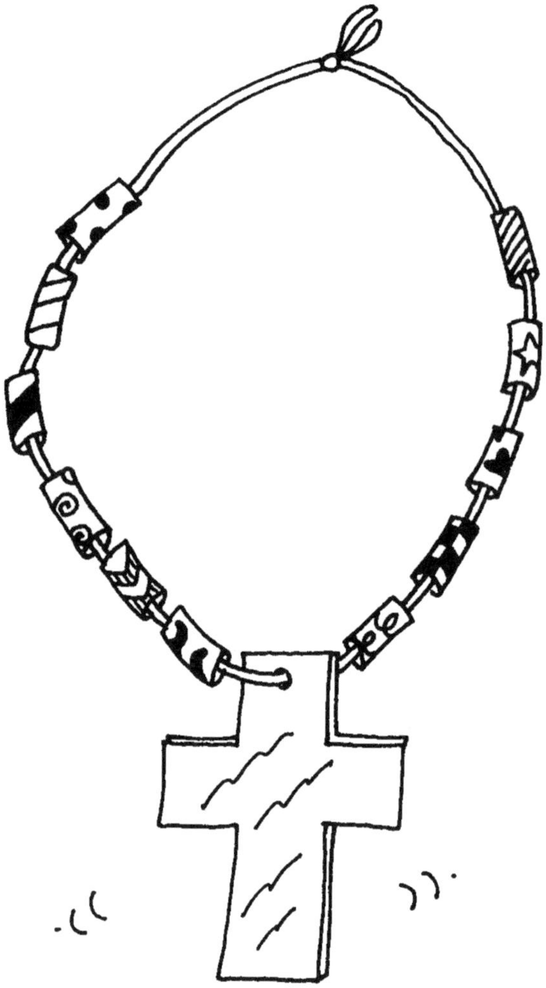

Lo que debe hacer

1. Corte tres o más rectángulos de papel. Esparza una mezcla de partes iguales de pegante y agua sobre cada uno de los rectángulos; luego péguelas entre sí. Esparza la mezcla de pegante sobre el rectángulo de encima y deje que seque.
2. Dibuje una silueta de cruz sobre los rectángulos pegados y córtela. Perfore un agujero en la parte superior.
3. Corte una pieza de hilo para un collar y atraviésela en el agujero para hacer un colgador.
4. Corte tiras de papel de aproximadamente un cm de ancho y ocho cm de largo. Haga cuentas enrollando tiras alrededor de un lápiz y pegando el extremo en su lugar. Decore con marcadores. Inserte las cuentas en hilo a cada lado de la cruz.
5. Cuando ya haya añadido el número deseado de cuentas, ate los extremos del hilo y use el collar.

Más ideas

1. Haga cuentas de bolsas de papel de diferentes colores.
2. Añada cuentas de madera o de cereales secos al collar.
3. En lugar de hilo, inserte las cuentas en cordón de plástico o de cuero.
4. Barnice las cuentas con la mezcla de pegante y agua. Cuando estén secas, decore con marcadores permanentes.
5. En lugar de una cruz, use uno de los patrones opcionales de las páginas 56 y 58.
6. Haga que los niños elaboren collares para llevar a casa, que ilustren un tema o aplicación de la lección.

Conexión de la lección

Pedro confiesa a Cristo: Lucas 9:18-27

"¿Y ustedes, quién dicen que soy?", le preguntó Jesús a sus discípulos. "Tú eres el Cristo de Dios", respondió Pedro. Ésta no fue una declaración simple. Pedro confesó públicamente su creencia de que Jesús no era un simple maestro sino que él era el cumplimiento de las profecías del Antiguo Testamento con respecto al Mesías. Haga un collar de cruz para mostrar que usted cree que Jesús es el Cristo, su Salvador del pecado.

Otras lecciones conexas

Ámense unos a otros (corazón).
Bautismo (paloma o concha).
Pescadores de hombres (pez).

Casa palestina

Lo que necesita

Bolsa de papel café
Tijeras
Marcadores o crayolas

Lo que debe hacer

1. Ponga la bolsa de papel plana en frente de usted con el pliegue encima.
2. Usando la línea del pliegue, corte la parte superior de la bolsa.
3. Abra el fondo de la bolsa y voltéelo al revés.
4. Corte una puerta en un lado de la casa.
5. Decore con ventanas, arbustos, etc.

Más ideas

1. Dibuje personajes de la Biblia en el papel restante y córtelas. Para cada figura, corte una tira de papel, pegue los extremos de tal manera que forme un círculo y pegue el círculo por la parte de atrás en la base de la figura para que se pare. Use las figuras y la casa para representar historias bíblicas.
2. Pegue la casa dentro de una caja para hacer un diorama o úsela sobre una mesa como decorado en una representación de títeres.
3. Haga una casa de una bolsa de supermercado grande.
4. Haga casas para un pueblo palestino para el salón de clase o como parte de un diorama para llevar a casa.

Conexión de la lección

La casa edificada sobre la roca: Mateo 7:24-27

Jesús contó una historia sobre dos casas, una construida sobre una roca y otra construida sobre arena. Haga dos casas para usar como decorado. Ponga las casas sobre una mesa y cuente cómo una casa permaneció firme cuando vino la lluvia pero la otra casa no. Aplaste una de las casas con su mano. Explique que poner la confianza en las palabras de Jesús es como construir una casa sobre una roca. Haga que los niños elaboren su propia casa para llevar a casa y escriba sobre ella algunas de las palabras de Jesús que puedan ayudarles en tiempos de dificultades.

Otras lecciones conexas

Elías y la viuda.

Los sabios.

Jesús sana a un paralítico.

Hoja de palma

Lo que necesita

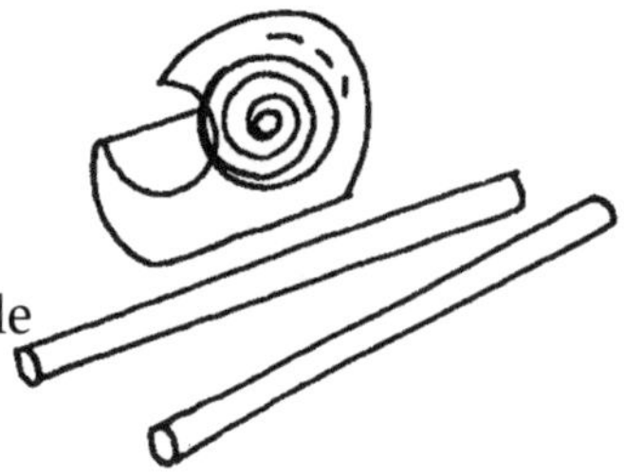

Bolsa de almuerzo
Tijeras
Crayola o marcador verde
Pajillas para beber (2)
Cinta
Pegante

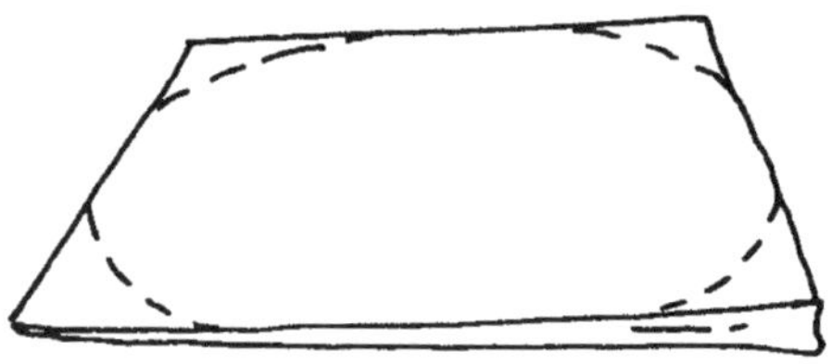

Lo que debe hacer

1. Aplane la bolsa en frente de usted. Corte los dos extremos de la bolsa para que luzcan como los extremos curvos de una hoja.
2. Coloree de verde ambos lados de la bolsa.
3. Pegue dos pajillas juntas para hacer un tallo largo. Luego pegue el tallo a lo largo del medio de la hoja.
4. Haga cortes paralelos a lo largo de cada lado de la hoja, dejando 1 cm a cada lado del tallo central.

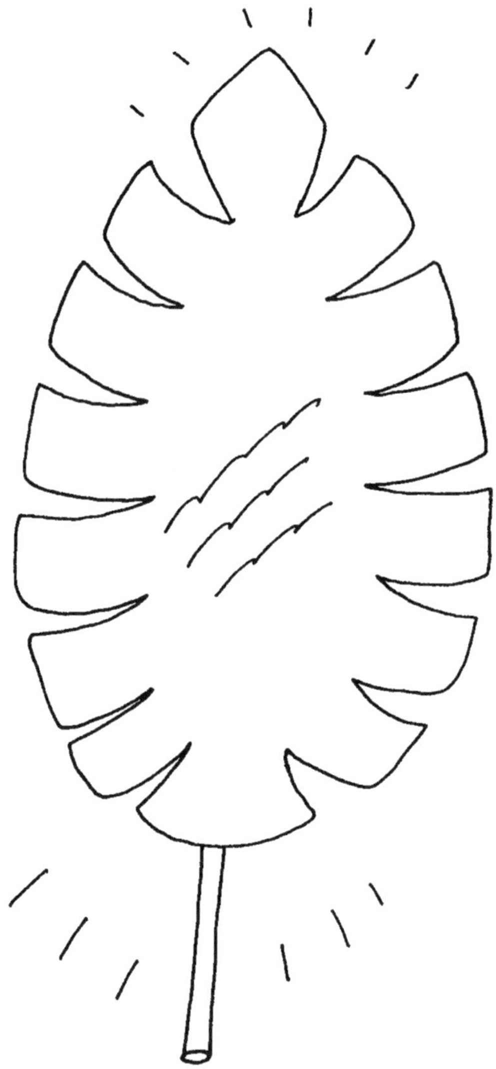

Más ideas

1. Haga la hoja de palma de una bolsa de papel verde, pegue papel de seda verde sobre una bolsa blanca o use crayolas o témpera para colorear la bolsa de verde.
2. Use un listón en lugar de pajillas para beber.
3. Añada las hojas de palma a una cartelera de anuncios o un estandarte de papel.
4. Corte hojas de palma de bolsas grandes de supermercado. Haga un árbol de palma pegando las hojas en la parte superior de un tubo de cartón envuelto con cinta de enmascarar.
5. Use hojas de palma para decorar habitaciones, como ayuda visual o como proyecto de manualidades para que los niños agiten durante el momento de adoración.

Conexión de la lección

Domingo de Ramos: Mateo 21:1-11

"Hosanna" viene de la palabra griega que significa "salva ahora". El pueblo agitó palmas y gritó "Hosanna al hijo de David". Jesús entró a Jerusalén como héroe; salió como criminal, él fue el sacrificio voluntario por los pecados del mundo. Haga un ramo de palma para agitar mientras cantan una canción de "Hosanna" a Jesús en la adoración en el salón de clases.

Otras lecciones conexas

Use hojas de palma como fondo cuando haga la escenografía de dramas en el salón de clase basados en historias bíblicas.

Piñata

Lo que necesita

Bolsa de papel grande
Perforadora
Tijeras
Cartulina
Pegante
Hilo
Caramelo

Lo que debe hacer

1. Doble la parte superior de la bolsa aproximadamente 5 cm. Perfore cuatro huecos, dos a cada lado, en la parte superior de la bolsa.
2. Corte tiras de cartulina y hágales flecos.
3. Pegue los flecos alrededor de la piñata, comenzando en la parte inferior de la bolsa y superponiéndolos ligeramente a medida que se acerca a la parte superior.
4. Inserte y ate hilo a través de los huecos en la parte superior de la bolsa para colgar.
5. Llene la bolsa con dulces y cuélguela. Siguiendo la costumbre mexicana, haga que los niños se turnen para tratar de golpear la piñata con un palo de escoba para sacar los caramelos. Los niños pueden usar una venda suelta.

Más ideas

1. Corte figuras y siluetas para pegar alrededor de la bolsa.
2. Corte flecos de papel seda o crepé.
3. Use patrones que se encuentren en cualquier lugar de este libro para hacer siluetas para pegarle a la piñata (vea patrones en las páginas 56 y 58).
4. Haga piñatas para usar en celebraciones en el salón de clase o festividades de la iglesia.

Conexión de la lección

Los sabios: Mateo 2:1-12

En Epifanía recordamos cómo los sabios llegaron desde una tierra distante a llevarle regalos al bebé rey y a adorarlo. Corte y pegue estrellas en su piñata y celebre la Epifanía con un juego que le acuerde cómo Jesús vino para los niños de México, al igual que para los niños alrededor de todo el mundo.

Otras lecciones conexas

Navidad (ángel).

Pascua (mariposa).

Toga

Lo que necesita

Bolsa de papel grande
Tijeras
Marcadores o crayolas

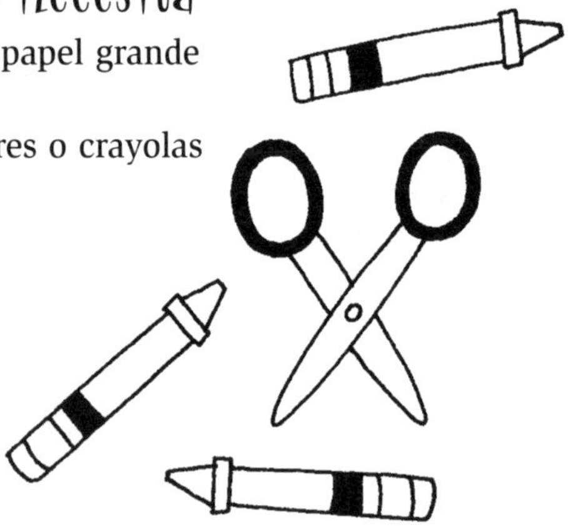

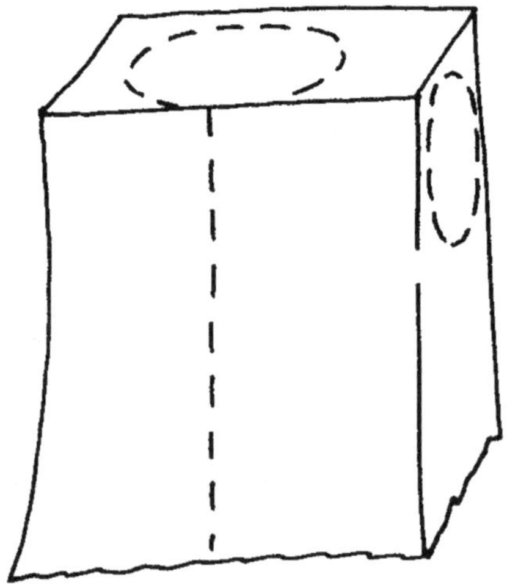

Lo que debe hacer

1. Corte una ranura a lo largo del centro de la bolsa. Corte agujeros para la cabeza y los brazos.
2. Decore la toga con marcadores o crayolas cafés para simular piel de animal.

Más ideas

1. Corte el vestido para adaptarlo a disfraces para diferentes personajes.
2. Use cartulina, papel de seda, tela, plumas, bolas de algodón o ribetes de tela para decorar la toga.
3. Para una imitación gamuza, arrugue la toga y pídale a un adulto que la planche.
4. Use una bolsa grande de regalo o una bolsa de compras para la toga.

Conexión de la lección

Juan el Bautista: Lucas 3:1-20

Vestido con pieles de camello, Juan le dijo al pueblo que las profecías del Antiguo Testamento se habían cumplido porque el Mesías prometido había llegado. Juan identificó a Jesús como el Cordero de Dios, el que sería sacrificado por los pecados del mundo. Y Juan bautizó a Jesús, marcando el comienzo de su ministerio terrenal. Haga una toga de una bolsa de papel, luego arrúguela y plánchela. Haga que los niños la utilicen y representen a Juan, contando la historia de su vida.

Otras lecciones conexas

José (haga un abrigo de muchos colores).

Samuel (haga una toga para representar el vestido que la madre de Samuel le llevaba cada año).

Navidad (haga vestidos de pastor).

Dorcas (haga togas púrpura).

Armadura (haga corazas de plata o broce como la armadura de Dios).

Gallo

Lo que necesita

Bolsas de almuerzo (2)
Tijeras
Marcadores o crayolas
Cartulina (opcional)
Periódico
Pegante
Red papel de seda

Lo que debe hacer

1. Doble la bolsa plana en frente de usted y ponga su mano sobre la bolsa de tal manera que sus dedos estén en la parte superior. Dibuje las plumas de la cola, tomando como plantilla las yemas de sus dedos. Corte a lo largo del contorno, teniendo cuidado de cortar sólo por un lado de la bolsa.
2. Corte las cuatro esquinas de la bolsa aproximadamente a la altura de la mitad de la misma.
3. Doble hacia abajo los lados y la parte trasera de la bolsa; luego recorte los costados para formar las alas y la cola del gallo.
4. En la parte frontal de la bolsa, dibuje el contorno de la cabeza del gallo y córtela (Opcional: use el patrón de la página 64).
5. Coloree dos ojos y un pico (Opcional: corte un pico de cartulina. Doble el pico por la mitad y pegue la mitad de abajo a la cabeza). Coloree el resto del gallo como desee.
6. Arrugue periódico y llene la segunda bolsa más o menos hasta la mitad. Doble la parte superior de la bolsa y péguela hacia abajo. Ponga la bolsa boca abajo dentro del cuerpo del gallo.
7. Deje la cabeza parada y doble hacia atrás el resto de la parte frontal para formar la parte superior del gallo. Si es necesario, corte una tira de papel para enrollar y pegue detrás de la cabeza como soporte.
8. Corte dos tiras de papel de seda rojo. Pegue una pieza a la parte superior de la cabeza del gallo para la cresta. Pegue la otra tira debajo del pico del gallo para el moco de pavo.

Más ideas

1. Corte las secciones del ala, la cola y la cabeza de cartulina usando los patrones de la página 64.
2. Pegue ojos móviles para manualidades, plumas reales u otros materiales para manualidades.
3. Adapte el gallo para que sea una ayuda de enseñanza para uno o varios pasajes de la Biblia que mencionan aves o pollos. Haga que los estudiantes elaboren uno para llevar a casa.

Conexión de la lección

Pedro niega a Jesús: Mateo 26:31-35, 69-75

"Antes que el gallo cante, me negarás tres veces" le dijo Jesús a Pedro. Incluso el fiel Pedro renegó de Jesús, dejándolo solo para que enfrentara sus pruebas y su crucifixión. Haga un gallo y escriba "Sé fiel" como recordatorio para tratar de permanecer fiel a Jesús, su Salvador. Explíqueles a los niños que Jesús murió por los pecados de Pedro y lo perdonó. Él murió por los pecados de ellos y también los perdona.

Otras lecciones conexas

Así como la gallina reúne a sus polluelos a su alrededor, como dijo Jesús, él también quiere reunir a los hijos de Jerusalén a su lado (haga una gallina).

Los 10 leprosos (haga un pavo de acción de gracias).

Dios cuida de las aves y cuida de nosotros (haga un tipo favorito de ave).

Sandalia

Lo que necesita

Bolsa grande café
Tijeras
Lápiz
Pegante

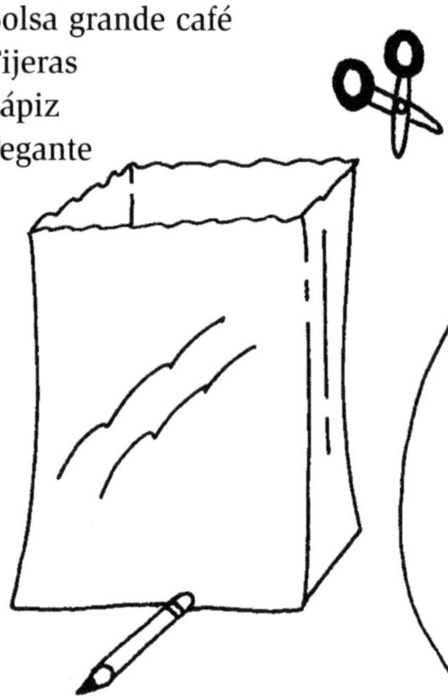

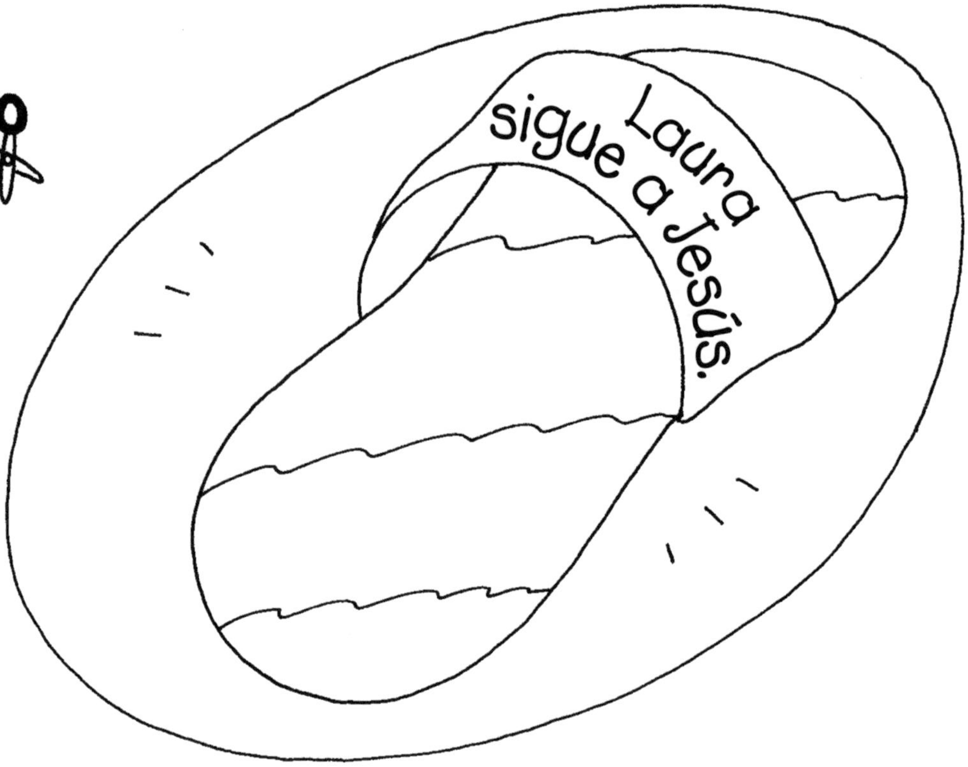

Lo que debe hacer

1. Corte a lo largo de la unión de la bolsa de papel, luego corte y quite el fondo de la bolsa para hacer un rectángulo grande.
2. Trace su pie y córtelo para hacer la suela de una sandalia.
3. Corte una tira de papel y péguela a la sandalia como correa.

Más ideas

1. Omita la correa y use marcadores o crayolas para hacer un dibujo de la parte superior de su zapato en la silueta de pie. Opcional: perfore agujeros y añada un cordón para el zapato.
2. Haga una cartelera o un estandarte para el salón de clases pegando una o más huellas a una hoja de papel grande. Escriba un versículo bíblico o frase apropiada en el papel.
3. Pegue huellas a un pedazo de cartón y use las sandalias como parte de un disfraz bíblico.

Conexión de la lección

Jesús llama a sus discípulos: Marcos 4:18-22

"Síganme" le dijo Jesús a Pedro y a los otros discípulos, y ellos lo hicieron. Dejaron sus trabajos, familias, y hogares para seguir las huellas de Jesús y divulgar el mensaje del evangelio de salvación mediante la fe en Cristo. Haga una sandalia que le recuerde que Jesús también nos llama a seguirlo. Escriba las palabas "(su nombre) sigue a Jesús" en la sandalia. Dirija a los niños en un cántico o un himno, como "Ésta es la luz de Cristo".

Otras lecciones conexas

Moisés y la zarza ardiente (use esto para un disfraz).

Jesús perdona a Pedro.

Rollo

Lo que necesita

Bolsa de papel
Tijeras
Marcadores o crayolas
Pasador o listones para manualidades (2)

Conexión de la lección

Felipe y el etíope: Hechos 8:26-40

Dios obró mediante Felipe para explicar las Escrituras a un hombre de Etiopía. Haga un rollo y escriba en él palabras de Isaías 53. Use el rollo para representar la historia. Explíqueles a los estudiantes que Felipe es un ejemplo a todos los cristianos para que compartan su fe en Jesús como el Cordero prometido de Dios para todo el mundo.

Lo que debe hacer

1. Corte a lo largo de la unión de la bolsa; luego corte el fondo para hacer una tira larga. Si lo desea, acorte la altura de la tira.
2. Decore la tira con dibujos o con las palabras de un versículo de la Biblia.
3. Pegue un pasador o listón a cada extremo del papel. Enrolle cada lado del rollo hacia el centro.

Más ideas

1. Para lograr un efecto de pergamino o cuero, arrugue el papel, luego plánchelo antes de pegar el pasador o los palitos de manualidades.
2. Pegue dibujos o páginas de un folleto de lección al rollo.
3. Use calcomanías, ribetes de tela, o brillantina para decorar el rollo.
4. Haga un rollo como ayuda visual cuando cuente historias bíblicas o como proyecto de los estudiantes para ilustrar un versículo específico de la Biblia.

Otras lecciones conexas

Josías encuentra el libro de la ley.

Lucas escribió sobre Jesús; escriba su propio "rollo" sobre Jesús.

Escriba e ilustre pasajes favoritos de la Biblia en un rollo.

Haga una biografía de la vida de Jesús en un rollo.

Oveja

Lo que necesita

Bolsa de papel blanca
Tijeras
Lápiz
Cartulina
Pegante
Bolas de algodón

Lo que debe hacer

1. Corte la bolsa por la mitad.
2. Use un lápiz para dibujar una pierna a lo largo de cada esquina. Dibuje la cabeza de la oveja en uno de los lados más cortos de la bolsa (vea ilustración).
3. Corte alrededor de las piernas y la cabeza de la oveja.
4. Corte cuatro tiras o cartulinas tan largas como cada pierna y pegue una tira por dentro de las patas para hacerlas más fuertes.
5. Pare la oveja y pegue bolas de algodón sobre el cuerpo.

Más ideas

1. Modifique la longitud de las patas y la cabeza para hacer otros animales.
2. Use ojos móviles de manualidades.
3. Enrolle piezas de periódico para pegar detrás de las patas de la oveja para hacerlas más fuertes.
4. Use el patrón de cabeza de oveja de la página 60.
5. Haga una oveja para usar como títere para el salón de clase o como proyecto para llevar a casa.

Conexión de la lección

El Señor es mi pastor: Salmo 23

"El Señor es mi pastor", escribió David. Haga que los niños elaboren una oveja para que les recuerde que Jesús, el buen pastor, los guía y los cuida todos los días.

Otras lecciones conexas

Parábola de la oveja perdida.
Canción: "De Jesús cordero soy."
Jesús es el Cordero de Dios.

Bolso para colgar en el hombro

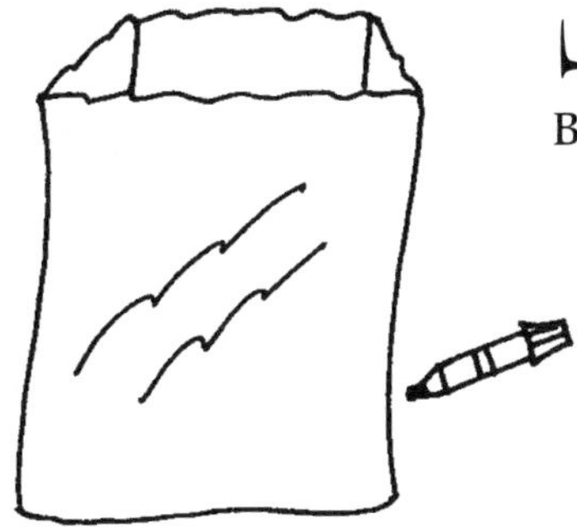

Lo que necesita

Bolsa de papel grande
Lápiz o marcador
Tijeras
Pegante

Conexión de la lección

Parábola del sembrador: Mateo 13:3-30

Jesús usó la historia de un hombre que sembraba semillas para hablar sobre las maneras en cómo es recibida la palabra de Dios. Haga un bolso para contar esta historia. Para la aplicación de la lección, escriba diferentes situaciones de testimonio en trozos de papel y póngalos en la bolsa para que los niños escojan y actúen. Haga que los niños elaboren un "Bolso del sembrador" con una bolsa de papel pequeña y luego llénelo con pasajes de la Biblia para sembrar la semilla de la palabra de Dios con otros. Escriba "Siembra la semilla" en el bolso.

Otras lecciones conexas

David y Goliat (haga una pequeña bolsa para guardar las piedras de David).

Parábola del buen samaritano (haga una bolsa para guardar el dinero del buen samaritano).

Lo que debe hacer

1. Dibuje una línea varios centímetros por encima del fondo de la bolsa alrededor. Esto formará el "bolsillo" del bolso. Si lo desea, dibuje una solapa en un lado de la bolsa.
2. En medio de dos lados opuestos de la bolsa, dibuje dos líneas paralelas para formar la correa del bolso.
3. Corte el bolso para colgar del hombro y pegue entre sí los bordes superiores de las correas.

Más ideas

1. Escriba un pasaje bíblico o frase apropiada en el bolso.
2. Use el bolso como ayuda para contar historias. O haga que los niños confeccionen un bolso para llenar con pasajes bíblicos o materiales de evangelismo para niños para repartir en una situación de testimonio.

Títere de listón

Lo que necesita

Bolsa de almuerzo
Marcadores o crayolas
Periódico
Listón
Hilo o cuerda
Cartulina
Tijeras
Pegante

Lo que debe hacer

1. Dibuje una cara en un lado de la bolsa de papel.
2. Rellene la bolsa con periódico.
3. Inserte el listón en la bolsa y átelo en su lugar.
4. Corte tiras de cartulina y péguelas a la bolsa a manera de cabello. Si lo desea, use el borde de las tijeras para "rizar" el cabello.

Más ideas

1. Pegue hilo, cabello para manualidades o algodón al títere para formar el cabello o una barba.
2. Corte rasgos faciales de cartulina o píntelos con témpera.
3. Pegue ojos móviles.
4. Haga títeres de listón para contar diferentes historias bíblicas. Haga que los niños elaboren títeres para usar al aplicar la historia a su vida.

Conexión de la lección

José en Egipto: Génesis 41-45

Elabore un títere de listón con cabello negro y flequillo para representar a José. Use el títere para contar cómo José perdonó a sus hermanos, explicando que Dios había transformado en bien el mal que ellos habían hecho. Converse con los estudiantes sobre cómo recibimos perdón: mediante Jesucristo, quien quitó el pecado de todo el mundo. A causa de la muerte de Cristo en la cruz y de su resurrección de la tumba, Dios el Padre nos ve a través de su justicia.

Otras lecciones conexas

Use títeres para representar personajes de la Biblia.

Use títeres para representar a niños contemporáneos para aplicaciones de la lección.

Ayuda para contar historias

Lo que necesita

Bolsa de almuerzo
Marcadores o crayolas
Periódico
Pegante

Lo que debe hacer

1. Aplane la bolsa en frente de usted y dibuje un personaje o escena de la Biblia.
2. Rellene la bolsa con periódico.
3. Una y pegue entre sí las dos partes de la parte superior de la bolsa, dóblela hacia atrás, y péguela hacia abajo.

Más ideas

1. Use cartulina, tela o ribetes de tela para añadir detalles.
2. Dibuje escenas de una historia de la Biblia en cada lado de la bolsa. Voltee la bolsa a medida que cuenta la historia para mostrar lo que pasa a continuación.
3. Use bolsas en diferentes tamaños y colores.
4. Pegue varios centímetros de la parte superior de la bolsa entre sí. Doble hacia abajo la parte superior para hacer una solapa que esconda parte de la imagen. Dibuje o pegue figuras a la bolsa, pegue imágenes de una lección de algún folleto de escuela dominical o un libro de colorear. Levante la solapa para concluir la historia.
5. Deje abierta la parte superior de la bolsa. Ponga elementos adentro para sacar a medida que cuenta la historia.
6. Haga una bolsa para enseñar la lección. Luego haga que los niños confeccionen una como esa para usar para contarle la historia a otra persona.

Conexión de la lección

La ascensión: Hechos 1:1-11

Cuando Jesús volvió al cielo, él subió hacia el firmamento hasta que una nube lo escondió de la vista. Elabore una ayuda didáctica de dos lados: Haga dos copias del patrón de Jesús (página 59). Ponga a Jesús sobre la montaña en un lado de la bolsa y en el cielo en el otro lado. Pegue bolas de algodón en la solapa para hacer nubes. Muestre a Jesús en la colina, luego voltee la bolsa para mostrarlo ascendiendo. Pliegue la solapa en el punto de la historia donde una nube esconde a Jesús de la vista. Levante la solapa para mostrar a Jesús nuevamente mientras les recuerda a los estudiantes que él vendrá de nuevo un día para llevarlos a vivir en el cielo con él y el Padre celestial. Explique que Jesús viene a nosotros hoy en día a través de sus medios de gracia: la palabra de Dios, el Santo Bautismo, y la Santa Cena.

Otras lecciones conexas

El horno de fuego.
Jonás.
Navidad.
El hijo pródigo.
Pascua.

Pez relleno

Lo que necesita

Bolsa de almuerzo
Marcadores o crayolas
Periódico
Banda elástica
Tijeras
Cartulina
Pegante

Lo que debe hacer

1. Dibuje un pez en la bolsa. Añada ojos, boca, y branquias con marcadores o crayolas.
2. Rellene la bolsa con periódico. Use la banda elástica para atar y delimitar una cola de aproximadamente cinco cm desde el extremo de la bolsa.
3. Corte una aleta superior y dos aletas inferiores de cartulina. Pegue las aletas.

Más ideas

1. Antes de rellenar el pez, perfore orificios en la parte superior y ate hilo a manera de colgador.
2. Antes de rellenar, añada escamas con marcadores, crayolas o témpera.
3. Use una bolsa de color.
4. Pegue lentejuelas, ojos móviles u otras decoraciones para manualidades.
5. Escriba un pasaje bíblico o frase apropiada en el pez.
6. Úselo como ayuda visual o títere para contar historias para una lección en la cual aparezca un pez o la pesca. Haga que los niños elaboren un pez para llevar a casa como recordatorio de la lección del día.

Conexión de la lección

Jonás: Jonás

Jonás pasó tres días dentro de un gran pez antes de ser enviado a contarles a los malvados de Nínive sobre el amor y las promesas de Dios para ellos. Haga un pez para contar esta historia. Haga una pequeña figura para representar a Jonás (patrón en la página 59). Opcional: corte dos figuras y péguelas entre sí con una bola de algodón en medio. Explíqueles a los estudiantes que ésta no es una historia de ficción. Recuérdeles que Dios obró a través de Jonás para contarles a otros sobre su fidelidad; él obra también por medio de nosotros. Si los niños son suficientemente grandes para entender, haga paralelos entre Jonás y Jesús.

Otras lecciones conexas

La creación.

Jesús llama a los pescadores para que sean sus discípulos.

La pesca milagrosa.

Alimento de los 5.000.

Corazón relleno

Lo que necesita

Bolsa de papel grande
Tijeras
Marcadores o crayolas
Pegante en barra
Periódico
Pinza para ropa

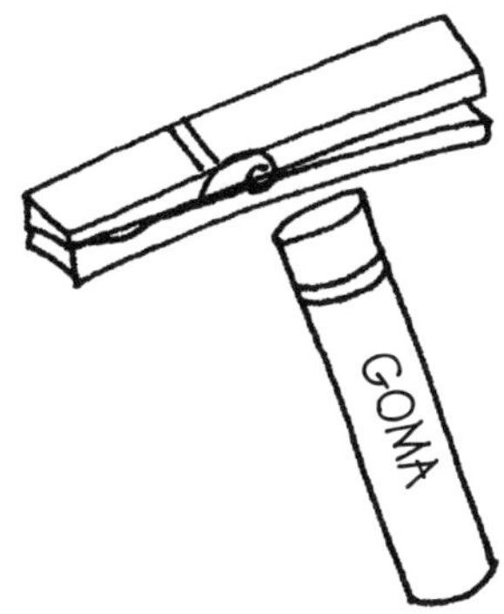

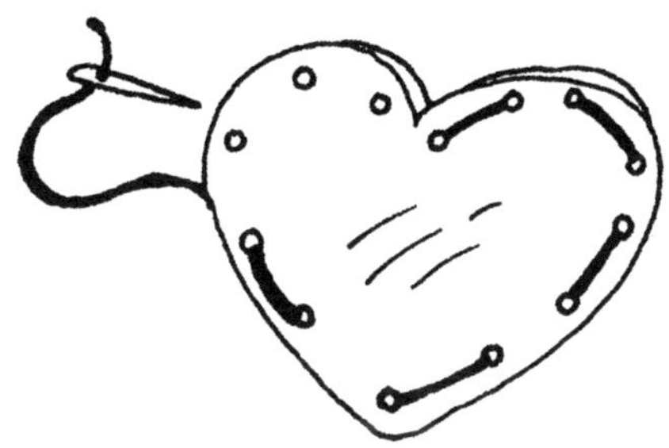

Lo que debe hacer

1. Corte a lo largo de la unión de la bolsa y corte y quite el fondo para hacer un rectángulo grande.
2. Doble el rectángulo por la mitad y dibuje en él un corazón.
3. Corte los corazones y decórelos con marcadores o crayolas.
4. Pegue los bordes de los corazones entre sí, dejando varias pulgadas abiertas para rellenar.
5. Arrugue periódico y empújelo con cuidado a través de la abertura. Cuando haya terminado, pegue el agujero para cerrarlo y use la pinza para ropa para sujetarlo mientras se seca.

Más ideas

1. Pinte la silueta con témpera.
2. Use una aguja para tapicería e hilo, cordel o rafia para coser las siluetas juntas.
3. Escriba un pasaje bíblico o frase apropiada en la silueta.
4. En lugar de pegar los lados uno con otro, grápelos.
5. Use una de las otras siluetas o símbolos de este libro (vea los patrones de las páginas 56 y 58)
6. Haga que los estudiantes hagan siluetas rellenas para aplicaciones de la lección.

Conexión de la lección

Ámense unos a otros: Juan 13:34

Jesús nos dice que nos amemos los unos a los otros como él nos ha amado. Haga que la clase elabore una almohada rellena decorativa para poner en sus cuartos como recordatorio de esta orden de Jesús. Explique que no podemos cumplir esta orden perfectamente, pero podemos saber que Jesús la cumplió perfectamente por nosotros. Guíe a los estudiantes en una oración agradeciendo a Dios por amarnos tanto que envió a Jesús para recibir el castigo por nuestro pecado y para ser nuestra justicia.

Otras lecciones conexas
Noé (arca).
Buen samaritano (corazón).

Títere relleno

Lo que necesita

Bolsa de papel
Marcadores
Periódico
Banda elástica
Cinta
Cartulina
Tijeras
Cuchillo plástico
Pegante

Lo que debe hacer

1. Aplane la bolsa y ubíquela en frente de usted con el extremo abierto apuntando hacia la parte superior de su área de trabajo.
2. Usando marcadores dibuje una línea separando la cabeza y el cuerpo. Dibuje y coloree la cara y la ropa del títere.
3. Rellene el cuerpo con periódico y secciónelo con una banda elástica. Luego rellene la cabeza y pegue con cinta la parte superior de la bolsa.
4. Corte tiras de cartulina para pegar encima a manera de cabello. Para añadir rizos, deslice las tiras de papel sobre el borde de un cuchillo plástico.
5. Pegue otros detalles cortados de cartulina.
6. Ponga la figura sobre una superficie plana y muévala mientras cuenta la historia.

Más ideas

1. Duplique los patrones de las páginas 59-63 para colorear, cortar, y pegar en las cabezas de los títeres.
2. Pegue tela o papel colgadura sobre el cuerpo. Añada otro ribete decorativo según desee.
3. Enrolle tubos de cartulina y péguelos a los lados de la figura para hacer brazos.
4. Pegue hilo para hacer cabello o use cabello para manualidades.
5. Escriba un versículo de la Biblia o una frase apropiada en la figura.
6. Use títeres para enseñar. Haga que los estudiantes confeccionen un títere para que les ayude a contarle la historia a alguien más.

Conexión de la lección

Jesús y los niños: Marcos 10:13-16

"Dejen que los niños se acerquen a mí", dijo Jesús. Él llevó a un niño a su lado para mostrarles a sus discípulos que toda la gente, incluso los niños, son llamados a la familia de Dios mediante el Santo Bautismo. Haga que los niños elaboren figuras que los representen a ellos mismos. Haga que cada niño escriba "Jesús ama a (nombre)" en su figura antes de llevarlo a casa.

Otras lecciones conexas

Samuel.

David y Goliat.

Daniel en el foso de los leones.

Haga que los niños elaboren títeres para representar una aplicación contemporánea de la lección.

Torre o fortaleza

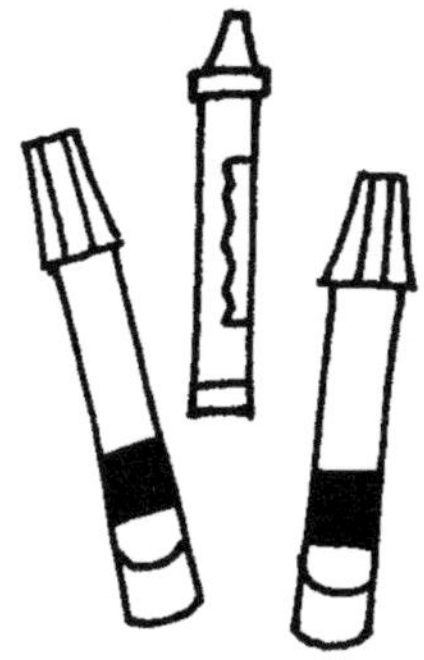

Lo que necesita

Bolsas de papel café (2)
Tijeras
Marcadores o crayolas
Periódico
Pegante

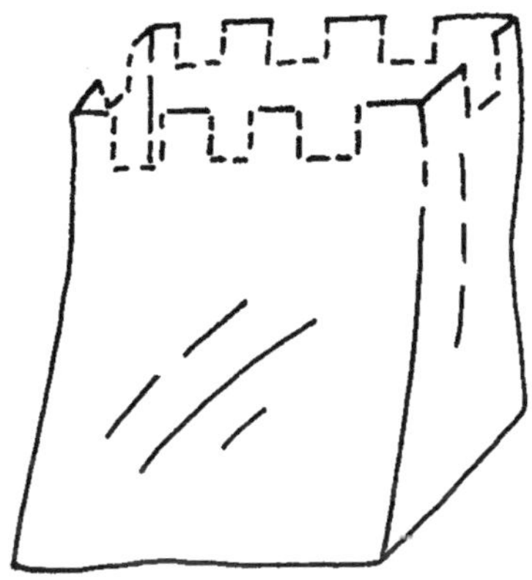

Conexión de la lección

El Señor es mi fortaleza: Salmo 18

Estas palabras, basadas en Salmo 18:2, nos recuerdan que podemos mirar al Señor Dios en busca de ayuda en tiempo de dificultades. Haga que los estudiantes elaboren una torre y escriba en ella las palabras del salmo. A medida que trabajan, anímelos a contar sobre los tiempos de dificultad o peligro en sus vidas cuando Dios los mantuvo seguros. El salmo trata de la victoria sobre los enemigos de David. Pídales a los niños que hagan una lista de los enemigos que pueden amenazarlos. Luego discutan cómo Jesús venció a nuestros peores enemigos mediante su muerte y resurrección en nuestro lugar.

Otras lecciones conexas

Torre de Babel (pegue dos bolsas entre sí para hacer una torre más alta).
Templo de Salomón.
Jericó.
Edificios en Jerusalén.

Lo que debe hacer

1. Corte las bolsas a la altura deseada.
2. Corte cuadrados desde la parte superior de una bolsa (vea diagrama).
3. Use marcadores o crayolas para dibujar una puerta en la fortaleza y siluetas de rocas alrededor de ella.
4. Rellene la otra bolsa con periódico arrugado, doble sobre el extremo, y péguelo boca abajo dentro de la bolsa decorada.

Más ideas

1. Escriba un versículo de la Biblia apropiado o título de himno, como "Castillo fuerte es nuestro Dios" en la bolsa.
2. Corte siluetas de piedras de cartulina café o gris y péguelas en la bolsa.
3. Corte por tres lados de la puerta para que abra. Escriba el título de un versículo o himno dentro de la puerta.
4. Haga una fortaleza grande como ayuda visual para el salón de clase. Luego haga que los niños construyan una fortaleza pequeña para aplicar la lección en su casa.

Árbol o arbusto

Lo que necesita

Bolsa de papel café
Pegante
Plato de papel pequeño
Papel de seda verde

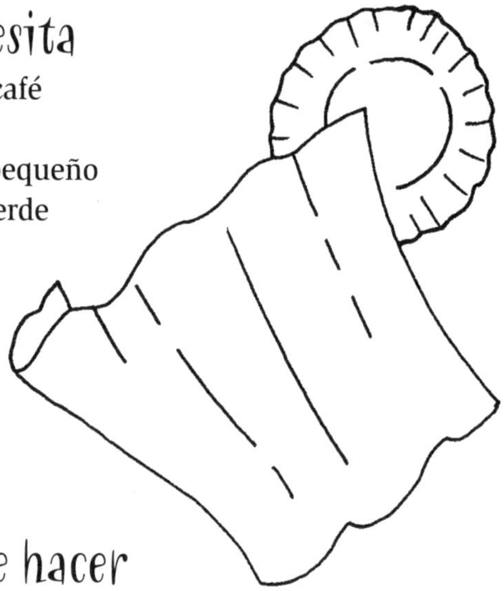

Lo que debe hacer

1. Corte una o dos ranuras por la mitad de cada lado de una bolsa de papel para formar las ramas del árbol. Según desee, corte ranuras adicionales por la mitad de cada rama para hacer ramas más pequeñas.
2. Pegue la base del árbol a un plato de papel pequeño.
3. Dejando el fondo de la bolsa para el tronco, tuerza la bolsa para formar las ramas del árbol.
4. Corte o rasgue pequeñas piezas de papel de seda verde, arrúguelas y péguelas al árbol para hacer hojas y al plato de papel para hacer hierba.

Más ideas

1. Rellene el tronco con periódico para hacerlo más ancho y robusto.
2. Pegue objetos naturales como pequeñas piedras o flores secas alrededor de la base del árbol.
3. Añada figuras hechas de papel o palitos de felpa.
4. Use marcadores o crayolas para colorear el árbol o para escribir un pasaje bíblico apropiado en la base.
5. Haga un árbol grande y péguelo a una cartelera de anuncios.
6. Haga árboles para usar en escenarios para títeres en el salón de clase.
7. Elabore árboles para añadir a dioramas de historias bíblicas.

Conexión de la lección

Zaqueo: Lucas 19:2-10

"Baja", le dijo Jesús a Zaqueo, el recaudador de impuestos. Los niños se cautivan con esta historia del hombre bajito que se subió a un árbol para ver mejor a Jesús. Use esta manualidad para enseñarles a los niños que Jesús vino para perdonar y salvar a todo el mundo, incluso a los pecaminosos recaudadores de impuestos. Haga títeres de limpiadores de tuberías para usar para representar la historia, o use las figuras que se encuentran en la página 57.

Otras lecciones conexas

La caída del hombre.
Moisés y la zarza ardiente.
"Es como un árbol plantado junto a los arroyos" Salmos 1:3
Parábola de la semilla de mostaza.
Jesús en Getsemaní.

Manga de viento

Lo que necesita

Bolsa de papel
Tijeras
Marcadores
Cartulina
Pegante
Perforadora
Hilo

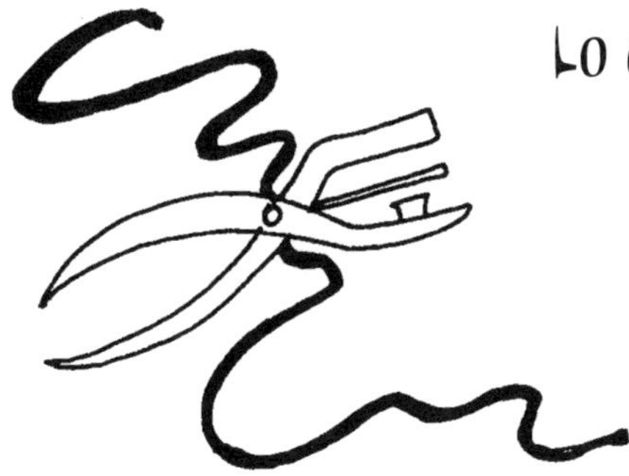

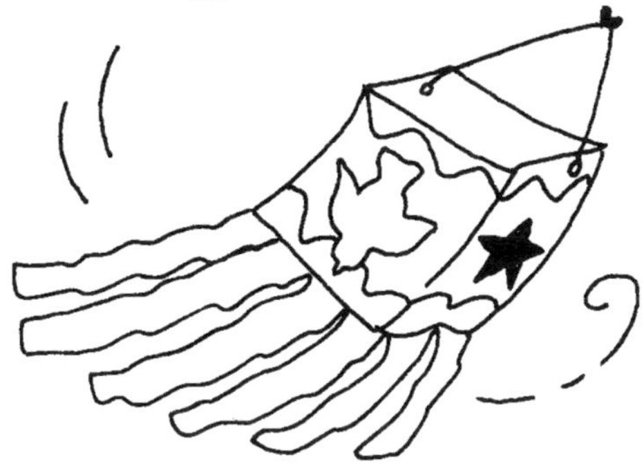

Lo que debe hacer

1. Corte y quite el fondo de la bolsa de papel para hacer una funda.
2. Aplane la bolsa y decore los lados con marcadores.
3. Corte tiras de cartulina y péguelas a lo largo del fondo de la bolsa.
4. Use una perforadora para hacer dos agujeros en la parte superior de la bolsa. Ate una pieza de hilo para hacer el colgador.
5. Cuelgue la manga de viento.

Más ideas

1. Decore la bolsa con calcomanías o diseños cortados en cartulina.
2. Pegue lentejuelas, brillantina o ribetes de tela.
3. Pegue tiras cortadas de papel de seda o cinta.
4. Haga mangas de viento para usar como decoraciones para el salón de clase para diferentes estaciones y festividades del año de la iglesia (vea patrones en las páginas 56 y 58).
5. Haga mangas de viento como proyectos para llevar a casa para ilustrar una historia bíblica o su aplicación a la vida diaria del cristiano.

Conexión de la lección

Pentecostés: Hechos 2

Con el sonido de viento fuerte, llamas de fuego aparecieron sobre las cabezas de los discípulos de Jesús. El Espíritu Santo había venido, ¡tal y como Jesús había prometido! Ahora los apóstoles podían comenzar su ministerio y difundir el evangelio por todo el mundo. Pegue una llama de papel rojo en cada lado de una bolsa blanca y cuelgue tiras de papel rojo de ella. Use pintura metálica o con brillantina para tela para escribir las palabras "Ven, Espíritu Santo" sobre la llama.

Otras lecciones conexas

Noé (arca y arcoíris).
Buen samaritano (corazón).
Bautismo (paloma).
Trinidad (triángulo).

Papel de envolver

Lo que necesita

Bolsa de papel grande
Tijeras
Marcadores, crayolas, o bolígrafos de gel
Cortadores de galletitas

Lo que debe hacer

1. Corte a lo largo de la unión de la bolsa. Corte y quite el fondo de la bolsa para hacer un rectángulo grande.
2. Ponga el rectángulo en frente de usted y trace siluetas en él con el cortador de galletitas.
3. Coloree las siluetas.
4. Use marcadores o crayolas para añadir detalles adicionales.

Más ideas

1. Use cortadores de galletas para estampar témpera sobre el papel de envolver. O corte siluetas para estampar de esponjas de cocina, papas o espuma para manualidades.
2. Use sellos comerciales y una almohadilla para estampar.
3. Escriba pasajes y frases bíblicas en el papel.
4. Decore el papel con pegante con brillantina, materiales de costura, u otros materiales decorativos.
5. Use patrones de siluetas de las páginas 56 y 58.
6. Haga que los estudiantes elaboren papel para envolver regalos que sean parte de un proyecto misionero de la clase.

Conexión de la lección

Navidad: Lucas 2

En Navidad celebramos el regalo de Dios de su Hijo, nuestro Salvador. Dar regalos a otros es una manera de responder al regalo de Dios para nosotros: perdón y salvación mediante Jesucristo, el Mesías prometido. Dibuje o estampe siluetas con cortadores de galletas con motivos navideños para hacer papel de envolver. Opcional: use los patrones de adornos que se encuentran en las páginas 56 y 58.

Otras lecciones conexas

Haga papel de envolver para regalos de Pascua, bautismo o cumpleaños.

Corona

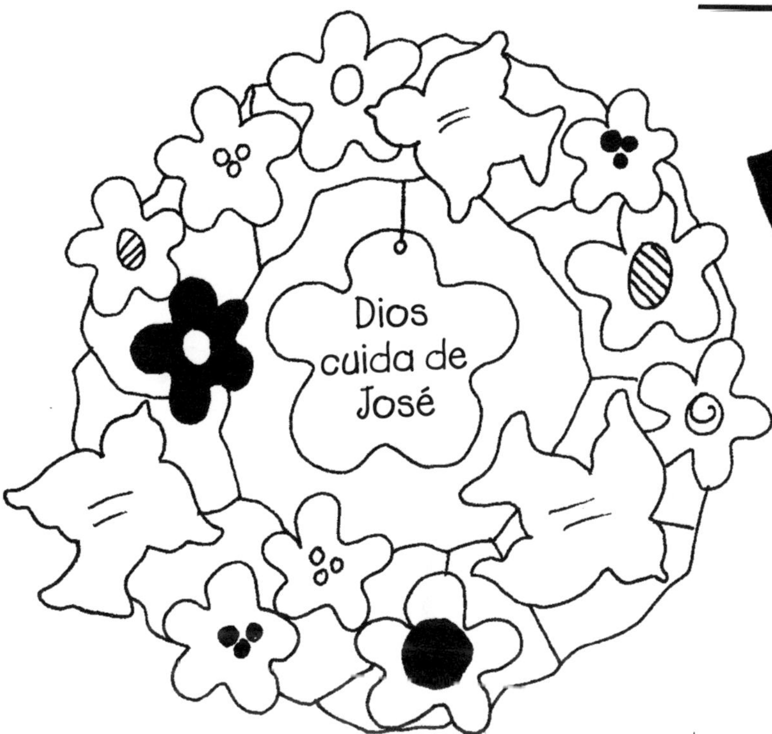

Lo que necesita

Bolsa de papel
Tijeras
Pegante
Cartulina

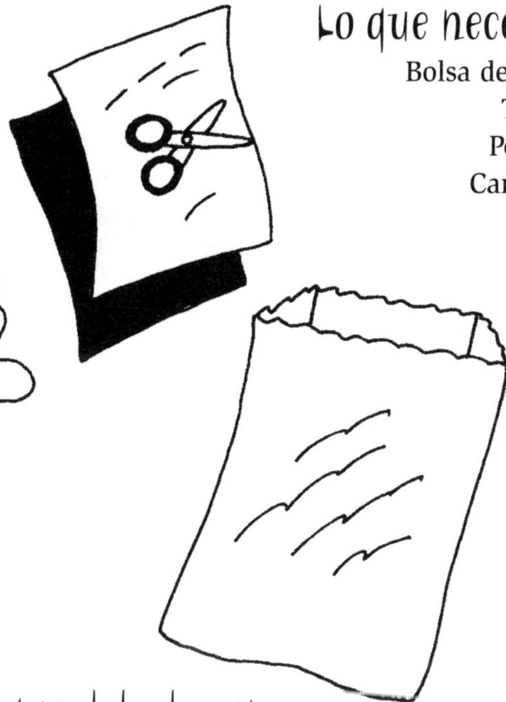

Conexión de la lección

Dios cuida de las aves y las flores: Lucas 12:22-34

"Dios, quien cuida de las aves y las flores, cuida de ustedes", recordó Jesús a sus seguidores. Haga que los estudiantes de su clase elaboren una corona que celebre el amor y el cuidado de Dios por ellos usando una bolsa coloreada de manera alegre y luego añada calcomanías de flores y aves (en la página 58 hay patrones opcionales de flores y aves). Cuelgue las palabras "Dios cuida de (nombre del niño)" en el centro de la corona. Recuérdeles a los estudiantes que no importa lo que nos pase, Dios provee para nuestras necesidades mediante la justicia de Jesús.

Otras lecciones conexas

La creación (añada calcomanías de animales).

Cuaresma (cuelgue una cruz en el centro de la corona).

Pascua (añada calcomanías de mariposa a la corona).

Trinidad (añada un símbolo por cada persona de la Trinidad).

Lo que debe hacer

1. Corte a lo largo de la unión de la bolsa de papel. Corte y retire el fondo para hacer un rectángulo.
2. Tuerza el rectángulo de papel y pegue los extremos entre sí.
3. Corte siluetas de cartulina y péguelas alrededor de la corona.

Más ideas

1. Use témpera para pintar de verde la corona.
2. Enrolle papel seda de colores en bolas y péguelas a la corona.
3. Envuelva la corona con rafia o cinta.
4. Pegue imágenes o calcomanías a la corona.
5. Añada siluetas de vela de cartulina para hacer una corona de Adviento.
6. Haga una corona para contar historias con imágenes, calcomanías o símbolos que cuenten una historia bíblica. O haga una corona que contenga un pasaje o frase bíblica.
7. Use una bolsa de regalo u otras bolsas en diferentes colores para hacer una corona.

Patrones

Use una fotocopiadora para ampliar o reducir los patrones para lograr el tamaño deseado.

Pesebre con paja

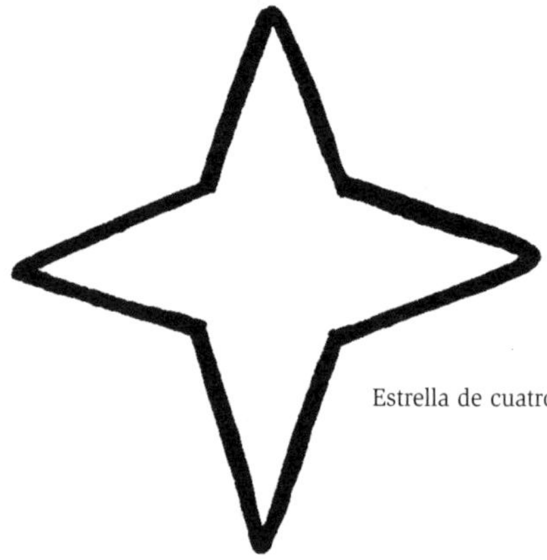

Estrella de cuatro puntas

Corona

Ángel

Cruz

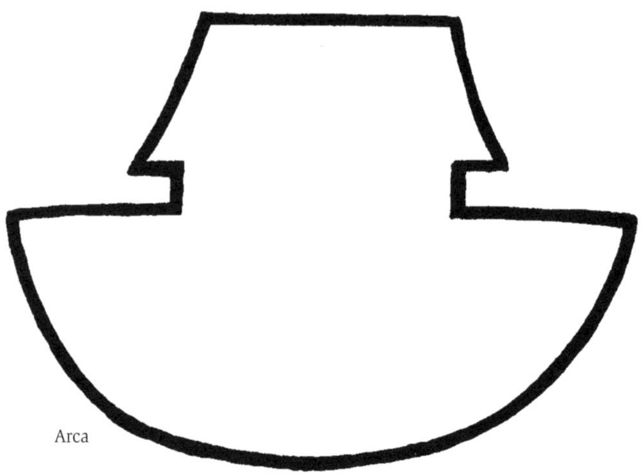

Arca

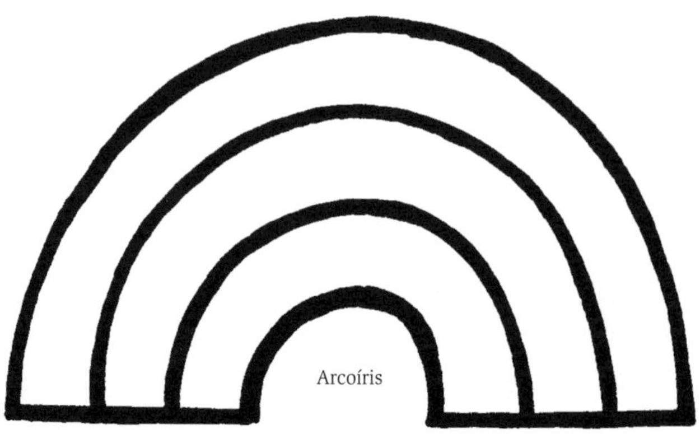

Arcoíris

Patrones

Use una fotocopiadora para ampliar o reducir los patrones para lograr el tamaño deseado.

Patrones

Use una fotocopiadora para ampliar o reducir los patrones para lograr el tamaño deseado.

Patrones

Use una fotocopiadora para ampliar o reducir los patrones para lograr el tamaño deseado.

Corte por la línea punteada

Corte por la línea punteada

Patrones

Use una fotocopiadora para ampliar o reducir los patrones para lograr el tamaño deseado.

Corte por la línea punteada

Corte por la línea punteada

Corte por la línea punteada

Patrones

Use una fotocopiadora para ampliar o reducir los patrones para lograr el tamaño deseado.

Corte por la línea punteada

Asno/caballo

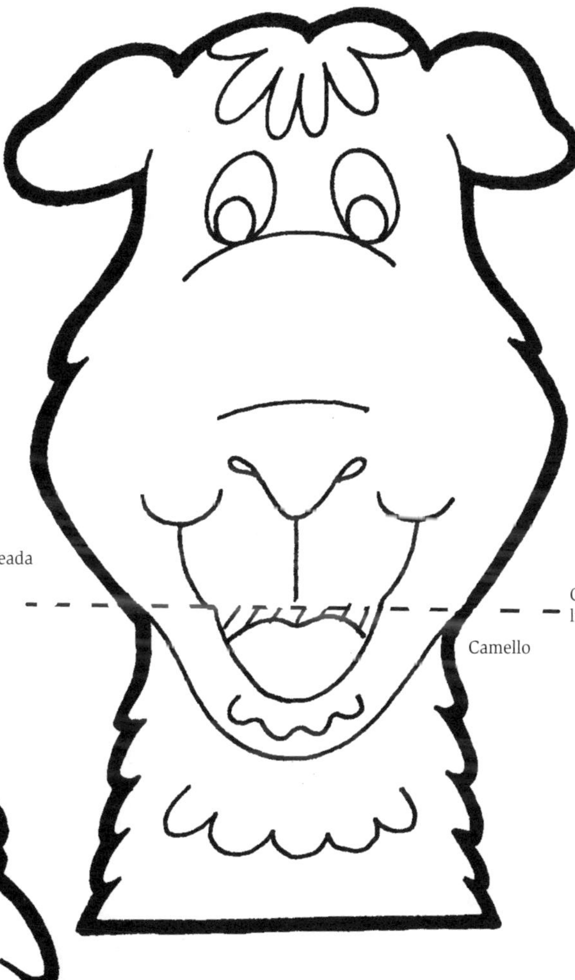

Corte por la línea punteada

Camello

Corte por la línea punteada

León

Patrones

Use una fotocopiadora para ampliar o reducir los patrones para lograr el tamaño deseado.

Patrones

Use una fotocopiadora para ampliar o reducir los patrones para lograr el tamaño deseado.

Patrones

Use una fotocopiadora para ampliar o reducir los patrones para lograr el tamaño deseado.

Gallo

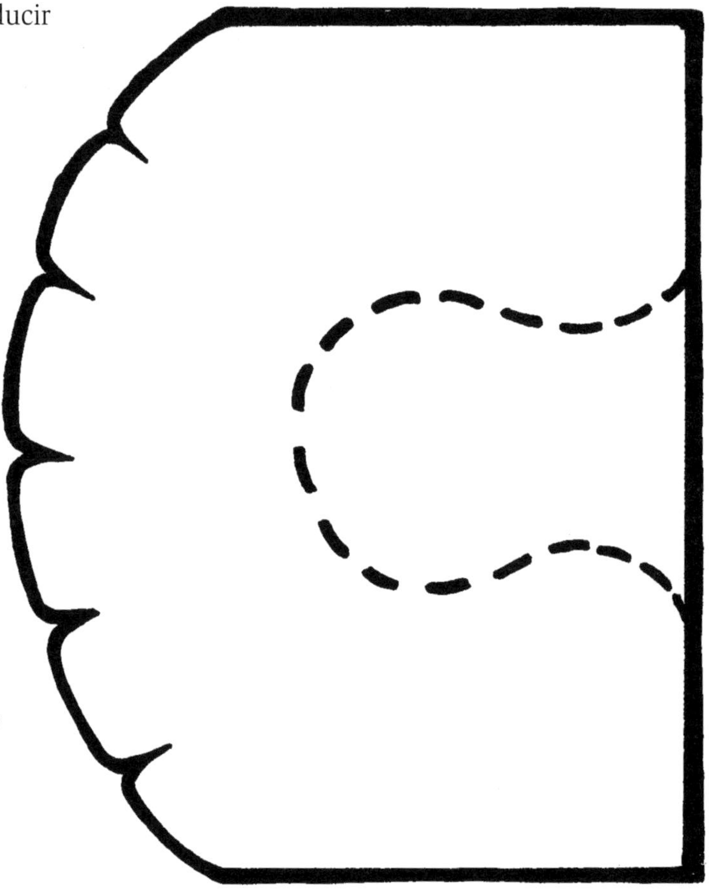

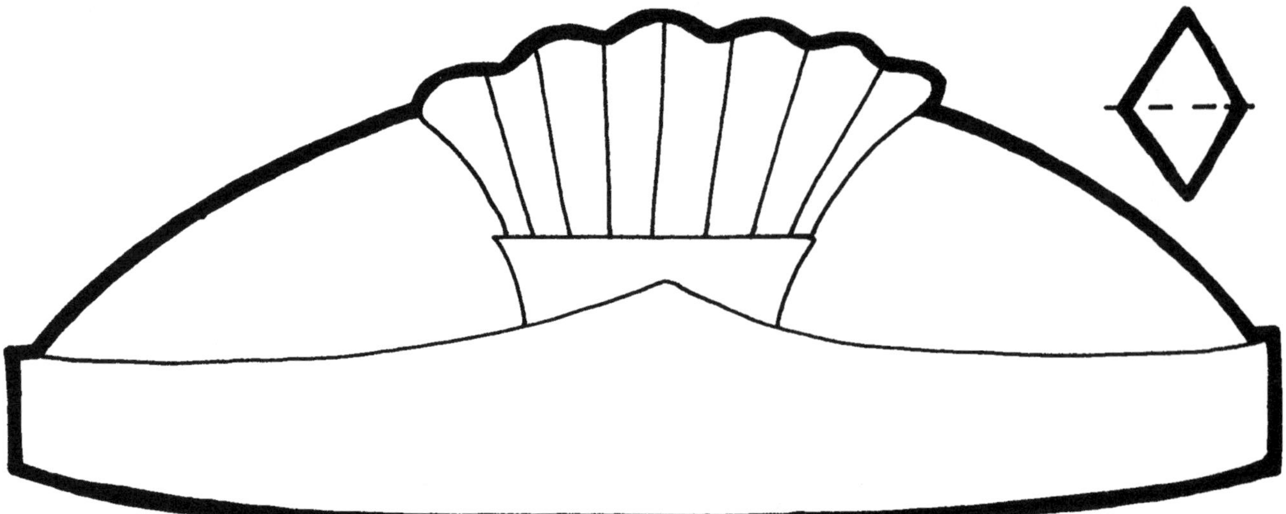

Casco